DE NIÑA A mujer

DESCUBRIÉNDOTE LISTA, FUERTE Y AUTÉNTICA

Título original: *Girling Up. How to be strong, smart and spectacular*
Dirección editorial: Marcela Luza
Edición: Soledad Alliaud
Diseño: Marianela Acuña
Armado: Leda Rensin

Texto © 2017 Mayim Bialik
Ilustraciones © 2017 Siobhán Gallagher
© 2018 V&R Editoras · www.vreditoras.com

Argentina: San Martín 969 Piso 10 (C1004AAS), Buenos Aires
Tel./Fax: (54-11) 5352-9444 y rotativas
e-mail: editorial@vreditoras.com

México: Dakota 274, Colonia Nápoles.
CP 03810, Del. Benito Juárez, Ciudad de México
Tel./Fax: (5255) 5220-6620/6621 · 01800-543-4995
e-mail: editoras@vergarariba.com.mx

ISBN: 978-987-747-395-7

Impreso en México, febrero de 2018
Grupo Imprime México S.A. de C.V.

Bialik , Mayim
De niña a mujer. Descubriéndote lista, fuerte y auténtica / Mayim Bialik. - 1a ed. - Ciudad Autónoma de Buenos Aires: V&R, 2018.
184 p.; 22 x 16 cm.

Traducción de: Noelia Staricco.
ISBN 978-987-747-395-7

1. Pubertad. 2. Adolescencia. I. Staricco, Noelia, trad. II. Título.
CDD 158.1

MAYIM BIALIK

DE NIÑA A mujer

DESCUBRIÉNDOTE LISTA, FUERTE Y AUTÉNTICA

Traducción: Noelia Staricco

V&R
EDITORAS

Para mis hijos, que también son

listos, fuertes y auténticos,

Miles Roosevelt y Frederick Heschel:

Ustedes me hicieron mamá,

e hicieron que todo fuera mejor

de lo que la niña que hay en mí

alguna vez hubiera podido imaginar.

INTRODUCCIÓN

Ser humano pareciera ser algo simple. Después de todo, estamos hechos de tan solo seis elementos: oxígeno, carbono, hidrógeno, nitrógeno, calcio y fósforo. Estos seis elementos forman todo lo que somos: las células y los órganos en nuestro cuerpo, y hasta nuestro maravilloso cerebro, que puede pensar y calcular y sentir tantas cosas. ¡Solo seis elementos! Suena simple, ¿verdad?

¡Pues te equivocas! La mayor parte del tiempo, ser humano no es para nada simple. Podremos estar hechos de solo seis elementos, pero a veces se sienten como unos seis mil al mismo tiempo. Y al momento de pasar de ser niñas a jóvenes mujeres, hay muchos cambios que nuestros cuerpos, nuestros celebros y nuestras emociones deben atravesar. De hecho, muchas veces, se sentirá como un millón de elementos todos juntos. Entonces, ¿cómo puede un cuerpo hecho de solo seis elementos llevar una vida tan increíblemente complicada?

Bien, mi época de jovencita fue una experiencia intensa y gracias a eso ahora me siento capacitada para poder hablarte sobre lo complicado de estar vivos y, especialmente, sobre lo complicado de ser mujer. Verás, me convertí en actriz a la edad de 11 años, y mi carrera fue un éxito bastante inesperado y emocionante tanto en mi época de niña como de adolescente. De hecho, entre mis 14 y 19 años tuve mi propio programa de televisión llamado *Blossom*. Se trataba de una chica (¡yo!) que crecía junto a sus dos hermanos varones y un padre divorciado. Como actriz —y frente a la audiencia adolescente de casi todo los Estados Unidos y de muchos otros países donde se trasmitía mi show—, tuve que interpretar algunos de los eventos más memorables y desafiantes que les suceden a las adolescentes. Eventos como: el primer beso, tener que ir a comprar tampones por primera vez, enfrentar la presión de mis pares para beber alcohol o drogarse y el nacimiento de grandes amistades; y todo esto mientras experimentaba las mismas cosas en la vida real. (Un dato vergonzoso: ¡mi primerísimo beso fue en televisión!)

A los 19 años, decidí tomarme un descanso de la actuación para poder ir a la universidad y cursar la carrera de Neurociencia, que es el estudio del cerebro y el sistema nervioso. Después de eso, cursé otros siete años para obtener mi doctorado en Neurociencia. ¡Estudié mucho! Tuve a mi primer bebé mientras estaba en la universidad, y al segundo después de haber obtenido mi doctorado. Eran tiempos alocados. Ser mamá y estudiante significaba hacer malabares entre amamantar y cambiar pañales un millón de veces al día, mientras asistía a clase, estudiaba para los exámenes y escribía una tesis doctoral —lo que equivale a un libro de unas 300 páginas… Y todo eso, sin dormir.

Mientras criaba a mis hijos, fui profesora de Ciencias para chicos de entre 9 y 17 años, y luego retomé la actuación, y terminé haciendo el personaje de la neurobióloga Amy Farrah Fowler en *The Big Bang Theory*.

Es así que, además de ser una científica en la vida real, ahora también interpreto a una en la televisión. ¡Una vez más: el arte imitando la realidad!

Entonces, puede que te estés preguntando: ¿Cómo se relacionan el ser una niña actriz y luego obtener un doctorado y tener dos hijos y ser parte de una exitosa comedia televisiva con entender los desafíos tan especiales de ser mujer?

Bien, estar tan expuesta a la mirada del público desde pequeña me hizo pensar mucho sobre cómo la gente ve a las mujeres y qué es lo que se espera de nosotras... Y eso es muy diferente de lo que se le exige a un varón. Se esperaba que yo luciera de una manera determinada y que actuara de un modo particular... al mismo tiempo que dejaba de ser una niña y me convertía en una mujer frente a la mirada de los otros. Eso significó muchísima presión, y me llevó a darme cuenta de lo diferente que es el mundo para las mujeres.

Dedicarme a la ciencia nunca estuvo en mis planes, porque creía que la ciencia y las matemáticas eran solo para los chicos. Pero fue un tutor muy especial que tuve a mis 15 años quien me dio la confianza para convertirme en científica —aunque la mayoría de los científicos siguen siendo hombres, así que hoy día esto es igual de complicado. Estar de novia, luego casarme y tener hijos siendo científica también ha sido muy difícil, ya que manejar todo eso demanda mucho tiempo, mucha energía y mucho poder mental. Además, ingresar en un campo donde las mujeres no suelen ser fácilmente aceptadas trae su propio conjunto de desafíos. Se necesita de mucha estabilidad.

Creo que ser actriz en un mundo dominado por la tecnología se asemeja bastante a lo que deben sentir los adolescentes hoy en día.

Una gran parte de mi vida personal se expone en las redes sociales, es importante saber qué es lo que los demás dicen de mí, y además existe mucha presión para lucir de una determinada manera, y más cuando eres mujer. ¡Supongo que esto mismo sienten los adolescentes de hoy!

Quisiera compartir mi historia y mi visión contigo, y así brindarte una especie de guía para descubrirte a ti misma. Ser mujer en esta época es más complicado que en cualquier otro momento de nuestra historia, y espero que algunas de mis experiencias puedan ayudarte. Soy una chica que rara vez sintió que encajaba. Soy la chica que amaba la ciencia, pero no sabía cómo alcanzarla. Soy una persona creativa que ama el arte, y también acepta la perspectiva científica de las cosas. Y soy una mujer independiente que, además, ama ser madre. Pasé muchos años de mi vida desafiándome para ser más y hacer más de lo que creí que podía ser o hacer, y eso se ve reflejado en esta vida frenética, y a veces exigente, pero de la cual estoy orgullosa. Quiero compartir mi pasión por convertirme en la mejor mujer que puedo ser, y contarte cómo las decisiones que tomes pueden y deben acompañarte para siempre. Puedes ser lista, fuerte y auténtica, y espero poder mostrarte cómo.

He leído muchos libros. Algunos hablan del cuerpo y el cerebro desde un punto de vista científico; otros sobre lo difícil que es ser mujer; y muchos otros sobre cómo las mujeres podríamos cambiar el mundo. Quiero que este libro sea todas esas cosas juntas: que te ayude a entender tu cuerpo, a amarte tal como eres y a convertirte en una joven mujer que está en control de sus propias decisiones, es segura de sí misma y está lista para comerse el mundo.

Así que, ¡aquí vamos!

Uno

CÓMO FUNCIONA NUESTRO CUERPO

¡Bienvenida! Imagínate saliendo de una elegante limusina (o de un auto deportivo, si es más tu estilo) y luego caminando por una lujosa alfombra roja. Hay gente esperándote a ambos lados de esa alfombra, y el aire está lleno de emoción. El libro que llevas en tus manos es la razón por la que todos están presentes: *De niña a mujer.* Aquí exploraremos todo lo relacionado con ser mujer, y el mejor lugar para empezar es por dentro (luego saldremos hacia afuera). Tu cuerpo de mujer es tu pase al gran evento, así que ya tienes tu tarjeta VIP. Hablaremos de qué es lo que hace tan especial al cuerpo de la mujer, qué cambios debes esperar a medida que creces y cómo mantener tu cuerpo fuerte y saludable, y así arrancar con el pie derecho para ser lista, fuerte y auténtica.

DE NIÑA A NIÑA EN CRECIMIENTO

Cuando los bebés nacen, se ven todos muy parecidos... Bueno, excepto si los miras del ombligo para abajo. Y seguirán viéndose así de parecidos durante mucho tiempo más. Pero luego llega un momento clave, allí entre los 9 y los 16 años, cuando comienza la pubertad.

¿Y qué es la pubertad exactamente? Es el momento de nuestras vidas en el que nuestro cuerpo y nuestro cerebro comienzan a cambiar. Si eres niña, es justamente el proceso físico y químico que atraviesas para convertirte en mujer. Los pechos comienzan a crecer, y es muy probable que las caderas se ensanchen y tomen una forma más "femenina". Tendrás vello en lugares donde nunca habías tenido; es probable también que te salgan algunos granitos en el rostro y que comiences a sentir mucho más fuerte tus emociones.

Para algunas chicas, estos cambios suceden muy rápido. Y para otras, pueden llevar más tiempo. Muchas veces veremos los cambios y luego parecerá que el proceso se detiene de golpe. En otros casos (como el mío), los cambios aparecen mucho más tarde, y comenzamos a preguntarnos si llegarán alguna vez... porque ¡nos costará alcanzar a las otras chicas! No existe ni un día ni un horario determinado para empezar a ver estos cambios... Es algo así como dejar que el tiempo pase.

Entonces, ¿cómo es que sucede? ¿Nuestros cuerpos tienen una especie de temporizador invisible que comienza con la cuenta regresiva cuando nacemos y luego, al llegar a cero, ¡PUM!, nos transformamos de repente en mujer? ¿Hay alguien que nos está observando desde arriba y que nos señala con el dedo mágico cuando pareciera que llegó la hora de que empecemos a cambiar? ¿Qué es lo que hace que nuestros cuerpos comiencen a desarrollarse?

XX

El modo más fácil de responder a esta pregunta es con dos X. Sí, leíste bien. Lo que en verdad determinará que nosotras seamos mujeres y no varones se reduce a XX. Dentro de cada célula de nuestro cuerpo existe algo llamado ADN (abreviatura de *ácido desoxirribonucleico*). El ADN es un conjunto de moléculas que viven muy apretujadas y que se hallan en cada rincón del cuerpo. Nuestro ADN es una combinación del ADN de mamá y el ADN de papá, y dentro tiene información codificada en *genes*. El ADN contiene decenas de miles de genes, que determinan detalles físicos, como el color de ojos o la altura. También tiene genes que definen cosas un tanto más complicadas, como si seremos de esas personas que lloran con películas sensibleras o si seremos tímidas o extrovertidas.

Entonces, dentro de cada célula, hay una pelota compacta de información que determinará prácticamente todo lo que seremos. El hecho de que seamos mujeres también está codificado en nuestro ADN. Cuando el óvulo de una mamá se encuentra con el espermatozoide de un papá y un bebé comienza a crecer en la panza de la mamá, el ADN de ambos se combinará —mitad del ADN de cada uno—, y es en ese mismísimo segundo, justo cuando el óvulo y el espermatozoide se juntan, que se define si nacerás varón o mujer.

Entonces, ¿de qué se trata esto de las dos X? Bien, si observamos el ADN con un microscopio, veremos que las partes de nuestro ADN que determinan nuestro sexo se parecen mucho a una X y a una Y. Aquí hay una imagen de los *cromosomas* X e Y. El *cromosoma* es la palabra sofisticada para nombrar la estructura de ADN cuando se apretuja para encajar dentro de cada célula.

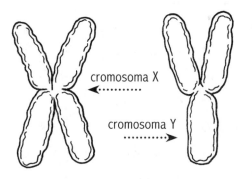

cromosoma X

cromosoma Y

El óvulo de la mamá siempre aportará una X cuando se encuentra con el espermatozoide del papá. Ahora bien, el espermatozoide puede aportar una X o una Y. ¿De qué depende esto? Es prácticamente como lanzar una moneda al aire. Hay cincuenta por ciento de posibilidades de que sea uno u otro cromosoma. Entonces, cada vez que una célula de la mamá se une con una célula del papá, la mamá aportará siempre una X al nuevo bebé, mientras que el papá aportará una X o una Y.

Si el papá aporta un cromosoma X, ese bebé tendrá dos cromosomas X y crecerá para ser una niña. Si el papá aporta un cromosoma Y, tendremos un cromosoma X y un cromosoma Y, y seremos un varón. Así que son los papás quienes finalmente determinan si seremos varones o mujeres, no las mamás. Tómate un segundo —aunque sea en tu mente— y agradece a tus padres por esos cromosomas X. ¡Ser niña es fabuloso, lo juro!

Aquí tienes un diagrama muy simple de cómo funciona esto de las X y la Y.

Tal vez te estés preguntando qué tienen que ver los cromosomas X e Y con el comienzo de la pubertad. Bueno, ellos contienen mensajes químicos en la superficie de su estructura que se encienden en determinados momentos de nuestras vidas. Y, cuando lo hacen, envían señales a nuestro cerebro a través de mensajeros en forma de proteínas y químicos: *"¡Ey, es hora de dar inicio a la pubertad!"*. Al recibir este mensaje, el cerebro empieza a soltar unos químicos muy especiales —llamados *hormonas*— por todo nuestro cuerpo. Son las hormonas las que en verdad dan inicio a la pubertad, y también las responsables de todos los cambios que sucederán en este proceso de convertirse en mujer y en los que vendrán después.

LA PUBERTAD Y NUESTRO CUERPO

La pubertad modifica casi todas las partes del cuerpo que podemos ver, e incluso algunas que no vemos también. De hecho, los científicos siguen trabajando para comprender cómo las hormonas afectan nuestro cuerpo y cerebro.

Estas son algunas de las preguntas que me hice cuando comencé a saber un poco más sobre la pubertad. Tal vez, tú también te las hagas.

- ¿Por qué me crecen pelos en lugares extraños? ¿Qué se supone que debo hacer con eso?

- ¿Cuándo comenzarán a crecer mis senos? (¿Y por qué los niños los miran tanto? ¿Y qué hay si no estoy interesada en ese tipo de atención todavía?)

- ¿Qué sucede con el cuerpo de los varones durante la pubertad?

- ¿Qué se siente tener el período? Oí que duele y que es desagradable.

- ¿Tener el período significa que puedes quedar embarazada? ¿Cómo funciona todo eso?

Comencemos por aprender qué sucede en la pubertad para varones y mujeres por igual. Tanto a los chicos como a las chicas les comienza a crecer vello debajo de las axilas, aunque suele ser más abundante en el caso de ellos. A las chicas también les crece algo de vello en los labios vaginales, que son la parte más expuesta de nuestros genitales externos; mientras que a los chicos les crece vello alrededor de su pene. Todos dan un estirón en la pubertad, aunque el de los varones generalmente ocurre un poco más tarde, lo que significa que las chicas solemos ser más altas que ellos por un largo e incómodo período de tiempo… que incluye los bailes escolares.

Algunos de los cambios que pueden afectarles solo a ellos son: la voz se vuelve más gruesa y los hombros se ensanchan. Esto se debe a una hormona especial que los varones generan más que nosotras, llamada *testosterona*.

El vello

Si bien está ampliamente aceptado que las mujeres se depilen las piernas y las axilas —mientras que los hombres no tienen que hacerlo—, durante casi toda la historia de la humanidad y en prácticamente todo el mundo, las mujeres no se afeitaban en absoluto.

El vello no nos hace transpirar más y, de hecho, el olor en las axilas proviene de la combinación del sudor y las bacterias que viven en el vello y en la ropa que entra en contacto con las axilas; no por el vello propiamente dicho. Remover ese vello es una decisión muy personal, y no hay nada de malo en querer esperar o incluso no hacerlo jamás. Las tendencias cambian, y hoy incluso hay muchos hombres que también deciden afeitarse algunas partes de su cuerpo. Esto depende solo de ti; pero recuerda que, una vez que comienzas a depilarte, deberás conservar el hábito si quieres seguir sin vello en esas zonas. Existen métodos más duraderos, como la depilación con cera o la depilación láser, que harán que el pelo crezca más lentamente; pero si eres una chica de "bajo mantenimiento" como yo, puede que decidas que todo esto es demasiado… ¡y eso también está bien!

¿CUÁLES SON AQUELLAS COSAS ESPECÍFICAS DE SER MUJER QUE SUCEDEN DURANTE LA PUBERTAD?

Nuestros senos crecen

La parte de arriba de nuestro cuerpo cambia durante la pubertad con el desarrollo de los senos. Y en cada chica los senos crecen a su manera, no hay una manera correcta o errada de que lo hagan. En algunas chicas, estos comienzan a desarrollarse lentamente y pueden pasar algunos años antes de que lleguen al tamaño definitivo. En otras, los senos crecen rápidamente, y hasta pueden formarse estrías si la piel se estira demasiado rápido. Estas marcas desaparecen con el tiempo y se vuelven casi invisibles al llegar al final de esta etapa.

Hay senos de muchas formas y tamaños, aunque la televisión siempre nos muestre determinados modelos que parecerían ser los normales y apropiados. Algunos senos son redondos, y otros no. Algunos son más firmes, mientras que otros caen un poco más. Y aquí tienes un dato interesante: la mayoría de las chicas posee uno más grande que el otro, aunque la diferencia no suele ser demasiada. Sin embargo, en unos pocos casos, la diferencia es más notoria. Por ejemplo, un seno puede llegar a ser una talla de copa mayor que el otro.

También hay diferentes tipos de pezones. Algunos son más grandes y otros más pequeños; y la piel oscura que rodea los pezones, llamada *aréola*, también puede variar en tamaño. Incluso algunas personas tienen pezones que parecen botones hacia adentro, ya sea parcial o completamente; a estos se los denomina *seudoinvertidos* o *invertidos*. Si tus pezones se ven así, no tienes nada de qué preocuparse. Suelen ser hereditarios; y a medida que crezcas, la diferencia será menos obvia. (Si cuando seas más grande decidieras tener hijos, tienes que saber que también podrás amamantar con este tipo de pezones).

Aquí hay algunos modelos de senos. Podrán verse diferentes, pero recuerda: ¡todos son perfectamente normales!

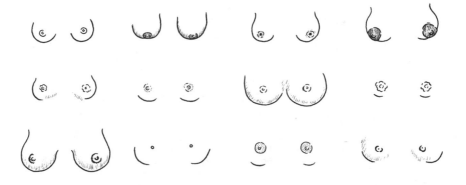

El tamaño de tus senos y cuándo comenzarán a desarrollarse dependerán principalmente de factores genéticos; y aunque suele ser verdad que tu cuerpo crecerá para ser similar al de tu madre, no siempre es así. Yo me desarrollé muy tarde, y las personas se burlaban de mí por tener el pecho "plano" hasta mis 16 o 17 años. Duele cuando se burlan de ti, especialmente porque no importaba hacia dónde mirara —televisión, revistas o incluso carteles publicitarios— en todos lados había senos, y por lo visto la gente les daba mucha importancia. Claro que los míos finalmente crecieron como los del resto de las chicas, y resulta que se parecían más a los de mi abuela que a los de mi propia madre. Fue difícil ser la última chica de la clase en usar sostén, pero ahora que puedo mirar atrás, desearía haber podido enfrentar a aquellos que se burlaban y decirles: *"¿Y qué?"*.

¿El tamaño es importante?

En nuestra cultura, se suele hablar mucho de los senos, y pareciera que todos quieren saber quién los tiene más grandes. En especial durante la adolescencia, los chicos tienden a interesarse en aquellas chicas más voluptuosas. Y, como ellos mismos no han madurado lo suficiente, no saben cómo evitar mirar y señalarlos, y se vuelven bastante molestos al respecto. Pero los chicos no tienen toda la culpa; es algo casi biológico. Pues los senos son órganos sexuales, además de ser lo que los mamíferos usan para alimentar a sus bebés.

Históricamente, el cerebro de los mamíferos ha sido programado para ver los senos como algo que representa y estimula la excitación sexual. Los senos son sensibles al tacto, además de ser una parte bastante accesible de nuestros cuerpos sexuales porque están allí, a simple vista. Así es que los chicos sienten algo especial en sus cuerpos cuando ven un par de senos y, hasta que maduren un poco, podría parecer que solo piensan en eso. Los senos grandes obtienen mayor atención simplemente porque son más fáciles de localizar. Pero ¿sabías que ha habido épocas en las que los senos pequeños eran considerados más atractivos? ¡Así es! En los años '20 en Estados Unidos, por ejemplo, las mujeres con pechos grandes debían "vendarse" para que no se notara lo voluptuosas que eran. Ten en cuenta eso cuando sientas que no te agrada el tamaño de tus senos… ¿Quién sabe cuál será la moda en un par de años? También es importante saber que, una vez que los chicos se vuelven hombres, y tú comiences a tener citas, aprenderás que hay muchas variaciones en lo que respecta a qué tipo de cuerpo los demás consideran atractivo. Así que ni pienses que el tamaño podría hacerte una chica menos atractiva al final de la pubertad. Tu cuerpo es hermoso, ¡sin importar el tamaño de tus senos!

¡Se vienen los cambios!

La parte baja del cuerpo femenino se ve bastante simple desde afuera. Pues todo lo que se percibe es la vagina, muchas veces asociada con el lugar por donde las mujeres orinamos. Pero esto no es exactamente así: orinamos a través de un tubo largo llamado *uretra*, que va desde la vejiga (donde se almacena la orina) hasta una apertura que está muy cerquita del orificio de la vagina. Entonces, en realidad, hay dos orificios: la vagina, en cuyo interior crecen los bebés, y la uretra. Además, hay un músculo muy importante en nuestros genitales externos llamado *clítoris*, que tiene el tamaño de un guisante. El clítoris es un músculo suave, que a veces puede sentirse más esponjoso y otras veces, más firme. Y es súper importante porque posee alrededor de 8.000 terminaciones nerviosas, transformándose así en la parte más sensible de todo nuestro cuerpo.

Autodescubrimiento

La pubertad es una etapa en la cual, tanto los varones como las mujeres muestran mayor interés en sus cuerpos, especialmente en las partes que provocan sensaciones agradables cuando se las toca de una manera en particular. Cuando tú misma te tocas, se llama *masturbación*. A pesar de que algunas culturas y religiones señalan que masturbarse no es saludable ni algo bueno para ti, está ampliamente aceptado el hecho de que no hay nada de malo en hacerlo. Tu cuerpo fue diseñado con partes que se sienten de una manera especial cuando las tocas, ¡y eso ya significa mucho! En diferentes momentos de tu vida, puede que estés más o menos interesada en masturbarte, pero debes saber que casi todo el mundo lo hace y está muy bien que aprendas más sobre tu propio cuerpo de esta manera.

Este es un gráfico de tus genitales externos:

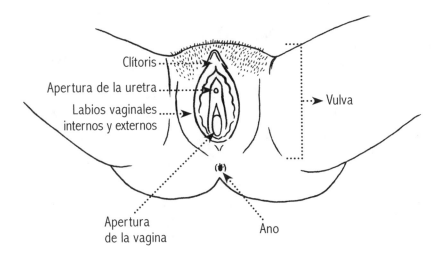

Clítoris

Apertura de la uretra

Labios vaginales
internos y externos

Vulva

Apertura
de la vagina

Ano

El funcionamiento del sistema reproductivo femenino se encuentra en el interior de nuestro cuerpo. La vagina es una especie de pasadizo que conduce a una parte sumamente importante y asombrosa dentro de ti llamada *útero*. El útero es el lugar donde crecen los bebés. Cuando el bebé nace, avanza desde el útero y sale al mundo a través de la vagina. A ambos lados del útero, justo debajo de donde tenemos el ombligo, hay un par de órganos llamados *ovarios*. Cada ovario tiene el tamaño de una almendra, y dentro de ellos se encuentran tus óvulos. Los óvulos están allí desde antes de que nacieras, y son lo que necesitarás para hacer un bebé, además de cumplir un rol fundamental durante la pubertad.

Este es un esquema básico del cuerpo femenino donde se ve la vagina, el útero y los ovarios:

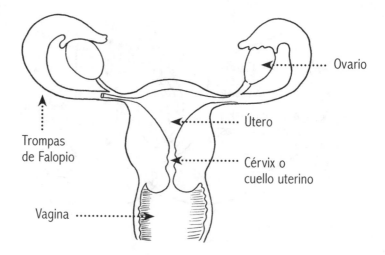

Y este es un esquema básico del cuerpo masculino:

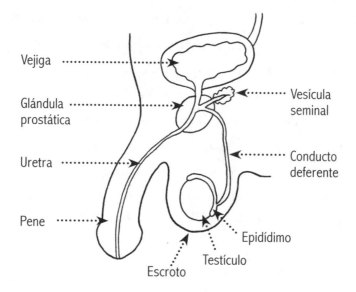

El cuerpo de ellos

Aunque aquí estemos hablando de las chicas, también es importante saber cómo funciona el cuerpo de los chicos. Las anatomías femenina y masculina son bastantes similares, aunque nuestros cuerpos se vean tan distintos. Hay muchas diferencias que se vuelven evidentes cuando crecemos. Los varones claramente no tienen vagina, sino un pene, que comienza en el interior de su cuerpo y sale hacia afuera. Además, poseen un solo orificio de salida, en vez de dos como nosotras, y su uretra se encuentra en el centro del pene. En lugar de ovarios, ellos tienen un par de testículos —donde se producen los espermatozoides— ubicados en una especie de bolsa llamada *escroto*. El escroto está debajo de la parte externa del pene y es sumamente sensible. (Si alguna vez viste a un chico recibir un golpe en los testículos, habrás notado lo doloroso que se ve). Ellos necesitarán esos espermatozoides cuando quieran tener hijos.

¿Cómo reaccionan los ovarios a las señales de la pubertad? Bien, las señales hormonales que emite nuestro cuerpo cuando comenzamos a transitar la pubertad les indican a nuestros ovarios que comiencen a liberar óvulos. El óvulo viaja a través de las *trompas de Falopio*, unos tubos delgados que conectan a cada ovario con el útero.

Pero antes de que te pongas a gritar: *"¡Aún no estoy preparada para tener un bebé!"*, quiero que sepas algo: eso ya lo sé. Pero ten en cuenta que la pubertad es la forma que tiene el cuerpo humano de estar listo para que un día, en el futuro, tal vez quieras tener un hijo. Y la pubertad es el inicio de esa preparación.

Un óvulo en el útero tiene dos destinos posibles: si se encuentra con un espermatozoide, puede ser fertilizado y convertirse en un bebé; si no se encuentra con un espermatozoide, no será fertilizado y no podrá desarrollarse para ser un bebé. Todos los meses, nuestro cuerpo liberará un óvulo. Entonces, el útero se prepara en caso de que vaya a recibir un óvulo fertilizado, y lo hace incrementando el tejido que recubre el útero (entre otras cosas). Cuando un óvulo no es fertilizado, el cuerpo se deshace de ese tejido junto con un poco de sangre. A ese proceso lo llamamos *menstruación*.

La menstruación

Las hormonas del cuerpo femenino hacen que los ovarios liberen un óvulo aproximadamente una vez al mes, y ambos ovarios se turnan mes a mes para hacerlo. El óvulo es súper diminuto, incluso más pequeño que el punto en esta letra i.

Cada 28 días más o menos, y durante unos 4 o 7 días, experimentarás la menstruación o "tener tu período" (algunas también lo apodan "la visita de Andrés"). Si bien no es mucha la sangre que saldrá cada vez que tengas tu período —casi un cuarto de taza—, es suficiente cantidad como para que tengas que usar toallas femeninas o tampones, y así evitar que la sangre se desparrame y manche tu ropa interior. Durante algunos días de tu período el flujo menstrual puede ser más abundante, y otros días apenas caerán unas gotas. Siempre es una buena idea ser consciente de lo que tu cuerpo suele hacer durante tu período, para poder reconocer si algo, en algún momento, se ve distinto o necesita de atención especial. Quien se dará cuenta de que algo no está funcionando bien serás tú misma: así que presta atención. Y si algo se ve distinto o sientes que anda mal, consulta con un doctor o con algún adulto de confianza. Es muy importante que aprendas a cuidar de ti misma.

Elegir entre las toallas femeninas, los tampones o cualquier otro producto que cumpla con el mismo propósito es una decisión que cada chica deberá tomar por sí misma. Personalmente, no usé tampones hasta varios años más tarde, y la verdad es que nunca me agradaron. Existen muchos rumores sobre ellos, incluyendo el que dice que solo puedes usarlos si ya has tenido relaciones sexuales. ¡Eso no es verdad! Incluso si aún no has tenido relaciones sexuales, sí puedes usar un tapón, pues eso no alterará la parte de tu cuerpo que luego se verá afectada por el sexo. Cuando te colocas un tampón, debes RELAJAR el cuerpo y respirar lentamente para evitar tensionarte, de lo contario los músculos de tu vagina lo expulsarán. Aunque pueda sonar extraño, colocar un pie sobre el borde de la bañera es la posición más sencilla para colocarte el tampón. (Ese es uno de los pocos rumores sobre los tampones que es verdad). Por otra parte, los tampones han sido relacionados con el síndrome de shock tóxico (SST), una infección poco frecuente aunque muy peligrosa. Así que, si planeas dormir con un tampón puesto, cámbialo cada 8 horas, y vuélvelo a cambiar cada 6 horas durante el día.

Existen otras maneras de lidiar con tu período, como las copas de silicona y las esponjas menstruales; y algunas mujeres incluso usan almohadillas que pueden lavarse, secarse y volver a usar todos los meses una y otra vez, ¡como un modo de reducir el deshecho ambiental! Tú decidirás qué funciona mejor para ti. Solo asegúrate de llevar siempre algo contigo en caso de que te tome por sorpresa.

Las primeras veces puede que el período no sea regular, y eso está bien. Es probable que desaparezca por uno o dos meses, y será así hasta que tus hormonas se nivelen un poco. Sería bueno que pudieras hablar con un médico sobre cuándo comenzó y asegurarte de que todo marcha bien. Tu mamá u otra persona cercana a ti podrán ayudarte a saber qué esperar de este proceso.

¿Patrones en la menstruación?

Mientras que a la mayoría de las mujeres les llega su período cada 28 días, muchas tienen ciclos de diferentes duraciones, y eso no siempre significa que algo ande mal. Algunas chicas tienen ciclos más cortos, en especial en los primeros años; y otras, ciclos más largos. Llevar un registro de tu ciclo menstrual es crucial para que puedas conocer mejor tu cuerpo y controlar tu salud, porque a veces hay determinados patrones que pueden indicar que algo necesita recibir mayor atención. Hablar con tu médico sobre la frecuencia de tu período lo ayudará a decidir si necesita mayor información sobre tu ciclo. Yo uso un cuadro como este:

	Ene	Feb	Mar	Abr	May	Jun	Jul	Ago	Sep	Oct	Nov	Dic
1												
2												
3												
4												
5												
6				●								
7				|								
8		●	●	|								
9		|	|	|								
10		|	|	|								
11	●	|	|									
12	|	|	|									
13	|		|									
14	|											
15	|											
16												
17												
18												
19												
20												
21												
22												
23												
24												
25												
26												
27												
28												
29		■										
30		■										
31		■			■	■			■		■	

También existen algunas aplicaciones para usar en el teléfono que ayudan a llevar un registro de tu ciclo. A veces, se les pide a las chicas que comiencen a tomar anticonceptivos para que sus períodos se vuelvan más regulares antes de que sus cuerpos siquiera tengan tiempo para descifrar qué es lo que les está sucediendo. Es importante que conozcas bien los tiempos de tu cuerpo para que seas tú quien esté al mando.

Este esquema muestra lo que sucede durante tu período:

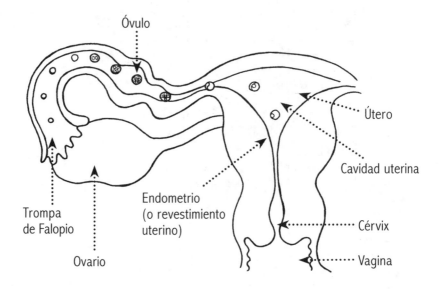

Es probable que tu cuerpo se sienta tenso o dolorido antes de o durante tu período menstrual. El dolor y los calambres en tu estómago —de hecho, será justo debajo de tu estómago, ¡donde se encuentra el útero!— son causados por el mismo útero, que está intentando expulsar ese tejido que se había estado formando durante las últimas semanas para albergar a un óvulo fertilizado. Pero, como todos los cuerpos son distintos, mientras algunas mujeres sienten una leve molestia, otras pueden experimentar calambres un poco más intensos. Uno o dos días antes del período y el primer y segundo día del período suelen ser los peores. Debes tomártelo con la mayor calma posible. Puedes colocar una botella de agua tibia sobre tu estómago, evitar la cafeína (tanto en el café como en las gaseosas) para disminuir los calambres, y a veces hasta una caminata corta puede aliviar la molestia. Algunas posiciones de yoga también ayudan a que los calambres no duelan tanto, en particular las que aumentan el flujo sanguíneo hacia tu panza —como posiciones en cuclillas o arqueándote—, o posiciones de reposo —como la llamada *postura del niño*. También existen medicamentos que puedes tomar para aliviar el dolor, como los que contienen ibuprofeno; pero algunos de ellos provocan efectos secundarios, así que te recomiendo que lo consultes con un adulto antes de probarlos. Si los calambres y el dolor no te dejan estar acostada en tu cama o te duele tanto que te hace vomitar, deberás hablar con tus padres, un maestro, la enfermera de tu escuela o un médico de confianza.

Posiciones de yoga para los calambres

La clave de todas estas posiciones es realizarlas siempre y cuando estés cómoda, sin esforzarte demasiado o sentirte mal. Intenta mantenerlas de 30 a 60 segundos; aunque no hay problema con que sean 15 segundos, si es eso hasta donde puedes hacerlo. Respira profunda y lentamente, e imagina que tu respiración relaja y ablanda todos los puntos de dolor. Eso ayudará a liberar la tensión.

Posición en cuclillas

Postura del camello

Postura del niño

Postura de la paloma

Otra cosa que puede sucederte durante tu período es percibir cambios en tu humor. Esto se debe a que lo que sucede durante la pubertad se relaciona con algunas modificaciones en los químicos que libera tu cerebro. En la semana anterior a tu período, habrá algunos cambios en dos hormonas muy especiales llamadas *estrógeno* y *progesterona*. Estas alteraciones pueden hacer que algunas chicas se sientan tristes, enojadas, frustradas o simplemente con los ánimos por el piso. (Otras también tenemos migrañas cuando se acerca el período, ¡y es tan fastidioso!). Los cambios en el ánimo suelen desaparecer una vez que comienza el período, y muchas de las cosas que te recomendé para aliviar los calambres menstruales también podrían ayudarte con tus cambios de humor: descansar, hacer ejercicio o simplemente elongar un poco. Si te sientes muy molesta y te la pasas llorando los días previos a tu período, o si te sientes tan triste como para no levantarte de la cama y participar en las actividades que siempre realizas, habla con tu médico o con un adulto de confianza.

Comportamiento

Las hormonas provocan muchos cambios durante la pubertad: modifican nuestra apariencia, hacen que nuestros cuerpos crezcan y se transformen. Una de las funciones más importantes de las hormonas durante la pubertad es la de cambiar el modo en que nos comportamos. Es probable que comencemos a actuar de manera completamente diferente y nos interesen otras cosas también. Podríamos empezar a considerar salir con un chico o preguntarnos cómo nos ven los demás, si les gustamos o nos encuentran atractivas. Y todo esto se debe a las hormonas de la pubertad, que nos están preparando para ser adultos y eventualmente padres, si es ese el camino que vayamos a elegir. Incluso si aún no estás lista, es importante entender el papel que juegan las hormonas en este proceso que nos transforma de niña en mujer.

Nuestro comportamiento suele ser diferente porque algunos tenemos dos cromosomas X y otros tenemos un cromosoma X y un cromosoma Y. Esa es la razón de por qué las personas dicen cosas como: *"¡Los niños y las niñas son tan diferentes!"*. Déjame que te explique esto un poco mejor. Las chicas tienen un ADN programado para que nos comportemos de una manera determinada. Y los chicos tienen un conjunto diferente de ADN que los hace comportarse de manera distinta. Puede que hayas oído la palabra *femenino* para referirse tradicionalmente al modo de comportarse de las mujeres y la palabra *masculino* para referirse tradicionalmente al modo de comportarse de los hombres. Estas palabras no siempre concuerdan con cada chica o cada chico que conoces, pero estoy segura de que puedes pensar en ejemplos de tu propia vida que definen comportamientos y características femeninas y masculinas. Aquí tienes algunos estereotipos comunes que solemos oír sobre ambos, y que se relacionan con las cualidades de lo femenino y lo masculino.

Femenino:	Masculino:
A las chicas les gusta probarse ropa y maquillarse	A los chicos les gustan los autos y las luchas y hacer bromas sobre su cuerpo
Las chicas pasan mucho tiempo hablando por teléfono y escribiéndose con sus amigas	Ellos no son muy buenos para expresarse
Ellas son románticas	Los chicos prefieren los deportes brutos
Las chicas son muy emocionales	Ellos no suelen demostrar sus emociones

Un dato interesante: hay determinados aspectos respecto de los chicos y de las chicas que suelen ser verdaderos en varias partes del mundo. Por ejemplo, que ellas suelen hablar más que ellos, y esto parece ser así en prácticamente todo el planeta. ¿Eso significa que cualquier chica habla más que cualquier chico? Claro que no. Solo nos dice que, en general, hay ciertas características entre chicos y chicas que son acertadas.

Vuelve a la tabla anterior. ¿Alguna de esas descripciones te parece errada? ¿O crees que no describe del todo a quienes conoces? Por ejemplo: ¿conoces algún chico que disfrute de vestirse bien y que sea muy emocional? Yo sí. ¿Conoces chicas que amen los autos y otras cosas que la gente podría llamar "cosa de chicos"? Pues yo sí.

Cuando era una niña, me gustaban muchas cosas que la gente decía que no eran para mí. Me encantaban los deportes brutos, por ejemplo, y no entendía por qué la mayoría de mis compañeras solo querían estar al teléfono y charlar sobre los chicos de la escuela. Ya lo ves, yo no era para nada una chica "femenina".

Ahora que soy adulta, me gustan muchas cosas que la gente dirá que son tradicionalmente de varones, y hay muchas otras cosas que no me agradan y que se supone que deberían gustarme por el solo hecho de ser mujer. Por ejemplo: no me gusta vestirme elegante y no me gusta maquillarme o hacerme las uñas. Me encantan las películas de acción y de superhéroes, y podría pasarme horas mirando fútbol por televisión si pudiera. ¡Me da escalofríos si veo una Ferrari pasar! Resulta que no soy una mujer "femenina". Y eso está bien.

Aunque es el ADN el que determina si tendremos una vagina o un pene, e incluso el que suele guiar la manera en que nos comportamos, existen muchas variaciones sobre cómo la gente actúa y siente en realidad, y eso no significa que algo ande mal. Hay chicas que son femeninas y otras que no lo son tanto; y hay chicos que son masculinos, y otros que no lo son. Y lo que vemos como femenino o masculino en nuestra cultura podría no considerarse del mismo modo en otras culturas. Así de variable puede ser todo esto.

Muchas veces, las chicas que no son tan femeninas y los chicos que no son tan masculinos reciben muchas burlas, y eso puede ser extremadamente doloroso. Es muy importante entender que hay una gran variedad de personalidades y que nada tiene de malo que te guste lo que te gusta y que seas quien eres. Hay algunos lugares en el mundo donde ser diferente en estos aspectos es visto como algo malo. Mientras que en otras culturas, las personas pueden etiquetarse como masculinas, femeninas o incluso otra categoría de género que abarque cualidades tanto masculinas como femeninas. De hecho, se han registrado descripciones sobre más de dos géneros a lo largo de miles de años.

En los últimos años, en varios países, incluido los Estados Unidos, se ha debatido mucho sobre las personas que, aun cuando su ADN dice que son mujeres, no se sienten como tal, y viceversa. A estas personas se las llama *personas transgénero*, y muchas de ellas quieren que su apariencia externa coincida con lo que sienten por dentro, y otras no. No existe una respuesta correcta o errónea sobre qué hacer en estos casos y no hay nada de malo en que las personas sean de esta manera.

Lo que es importante saber es que no todos los cuerpos funcionan de la misma manera. Y nadie sabe qué sucede en la cabeza o en el corazón de otra persona… a menos que sean esa persona. Existe una investigación científica maravillosa que estudia los niveles de hormonas en los cerebros y los cuerpos de personas que aseguran que su ADN no coincide con lo que ellas sienten ser. Este estudio confirma la existencia de ciertas diferencias hormonales, y espero que pronto podamos hallar la manera de que todas las personas sepan que pueden vivir del modo que se sientan más cómodas.

PARA TERMINAR

Hemos hablado de muchos temas en este capítulo, ¿no? Hablamos de los cambios que se producen en nuestro cuerpo en este proceso de pasar de ser niñas a convertirnos primero en jóvenes mujeres y luego en mujeres adultas. También hablamos de cómo esos cambios en el cuerpo pueden ser un tanto difíciles de controlar, y cómo muchas chicas pueden sentir que no se identifican con los estándares de lo considerado "normal", ¡aunque ciertamente la mayoría de nosotras sí encajamos en ese rango de lo "normal"!

Tal vez tu mamá o tu papá no tengan problema en hablarte sobre los cambios en tu cuerpo y cómo esos cambios podrían afectarte; pero muchas veces resulta un poco difícil para las chicas hablar de estas cosas con sus padres, o incluso con hermanos mayores o amigos. Podemos sentirnos solas. Personalmente, recuerdo haber tenido muchas preguntas sin respuestas, simplemente porque siempre tuve muchísimo miedo de preguntar. Espero que en este capítulo hayas encontrado respuestas a algunas de tus preguntas, y que hayas incorporado nuevo vocabulario y un poco más de información para que puedas comenzar a hacerte estas preguntas cuando sea que estés lista.

Dos

CÓMO CRECEMOS

Ahora que ya hemos visto cómo nuestro cuerpo se vuelve más "femenino" y cómo la pubertad nos transforma de niña en mujer, hablemos de qué necesitamos para mantenernos fuertes. ¿Importa qué alimentos ingerimos? (¡Sí!) ¿Importa cómo tratamos a nuestro cuerpo? (¡Sí!) De hecho, hace algunos años escribí un libro junto con el pediatra de la familia donde hablamos sobre la ciencia de la nutrición, las decisiones sobre nuestra alimentación y la importancia de ser conscientes de cómo nos alimentamos. Quiero saber qué es lo que estoy comiendo –¡y también disfrutar de la comida, claro!–, y para eso es fundamental entender cómo nuestro cuerpo usa el combustible que le damos al comer y beber.

¡A BEBER!

Comencemos por lo básico. ¿Recuerdas cuando dije que los seres humanos estamos hechos de moléculas? Bien, todas esas moléculas se combinan de tal forma que podemos resumir que estamos hechos básicamente de agua. ¡Así es! Alrededor del 60% de nuestro cuerpo está compuesto de agua. Si esa cantidad de líquido se modifica porque no bebemos lo suficiente (o porque bebemos demasiado), podemos sentirnos mal y hasta podríamos enfermarnos. Esto significa que nuestro cuerpo necesita estar hidratado de una manera muy especial. En nuestra sangre, orina y demás fluidos corporales hay minerales llamados *electrolitos*. A estos los obtenemos de los alimentos y las bebidas que consumimos. Algunos ejemplos de electrolitos son: el sodio, el potasio y el calcio. Los electrolitos poseen una carga eléctrica; algunos tienen carga positiva y otros, carga negativa. Imaginémoslos como una batería, con un extremo negativo y otro positivo. Debemos tener la cantidad de carga de electrolitos correcta para que todo nuestro organismo funcione bien.

Así que lo primero que debes saber sobre la nutrición y alimentación es que necesitas ingerir mucha agua. No voy a mentirte y decir que jamás tomo bebidas azucaradas o jugos. Pero sí te diré que la mayoría de las personas no toma la cantidad de agua necesaria. Si lo piensas en libras y onzas, deberíamos intentar beber cada día el equivalente a la mitad de nuestro peso. (Si pesaras 100 libras, deberías tomar unas 50 onzas de agua al día). Si lo piensas en kilos y litros, deberíamos dividir nuestro peso en 7, y tomar esa cantidad de vasos de agua de 250 ml por día.

(Por ejemplo, si pesaras 42 kilos, deberías beber diariamente 6 vasos de 250 ml, es decir, 1½ litro de agua).

¿Y qué tienen de malo las bebidas azucaradas y los jugos? Bueno, nos gustan tanto porque tienen mucho azúcar, y a todos nos encanta el azúcar. Pero el problema es que esta sustancia dulce se mete con la química de nuestro organismo y nos puede hacer experimentar cambios en el humor y hasta hacernos sentir nerviosas o agitadas. A veces, cuando ingieres mucho azúcar, también puede que sientas náuseas. El azúcar es malo para tus dientes, porque es el alimento favorito de las bacterias que viven en la boca y que eventualmente desgastan el esmalte que los protege, causándonos caries. Demasiado azúcar puede debilitar nuestro sistema inmune, y entonces nos es más difícil hacerle frente a un resfrío o a una gripe, por ejemplo. El azúcar también tiene propiedades adictivas. Eso significa que se incorpora en nuestras células de un modo que, cuando nos falta, nos hace creer que lo necesitamos. No tener azúcar en nuestro organismo cuando este es adicto al azúcar nos pone gruñonas e inquietas, y hasta podemos llegar a enfermarnos. Cuanto más azúcar consumimos, más chances tenemos de que nuestro cuerpo se vuelva adicto a él. Así que reducir la ingesta de bebidas azucaradas es algo grandioso que puedes hacer por tu salud.

Estas son algunas de las cosas que pueden sucederte si no tomas suficiente agua y te deshidratas:

- Sequedad en labios y boca
- Piel áspera y agrietada
- Falta de sueño
- Cansancio durante el día

- Caer enferma con frecuencia

- Dificultad para concentrarte

- Calambres musculares

- Dolores de cabeza

- Mareos

- Mal aliento

- Dificultades para defecar (!)

Y nada de esto es divertido, créeme.

El experimento del agua

Beber solo agua durante todo el día suena horrible, lo sé. Pero tal vez valga la pena hacer un experimento… aunque sea por un par de semanas. Este es mi método para que tomar agua sea más divertido: le agrego rodajas de naranja, pepino o incluso algunas frutillas o fresas para darle algo de sabor. Y reservo las bebidas azucaradas y jugos para ocasiones especiales. Parte de adaptarse al hábito de tomar más agua es intentar darle a nuestro cuerpo algunas semanas para que se acostumbre. Le llevará un tiempo perder las ganas de consumir bebidas azucaradas. Si lo intentas por dos semanas, y disminuyes la ingesta de otros productos azucarados, ¡apuesto a que estarás asombrada del cambio que esto causará en tus papilas gustativas!

¡A COMER!

Bien, ¿qué alimentos básicos necesita nuestro cuerpo? En Estados Unidos, como en muchos otros países occidentales, se recomienda que todas las comidas incluyan alimentos de las siguientes categorías: frutas y verduras, proteínas, granos y lácteos (o alguna otra fuente de calcio, en caso de que hayas decidido no consumir lácteos). Aquí te dejo algunos datos básicos que deberías saber sobre qué podemos comer.

Frutas y vegetales

¿Alguna vez alguien te ha dicho lo importante que es que comas verduras? Odio admitirlo, pero tienen razón. Lo mismo pasa con las frutas. Las frutas y las verduras son súper importantes porque contienen muchas vitaminas y minerales, como el potasio, la fibra, la tiamina, el ácido nicotínico, el ácido fólico y vitaminas A, B, C, D y K. El cuerpo absorbe todo esto y lo usa en tu favor. Por ejemplo, el cabello crece más fuerte, las uñas se ven más saludables, la piel luce más bonita y el cerebro funciona mejor para que puedas prestar atención en la clase de Matemáticas y que te quede energía extra para luego salir a caminar o juntarte con amigos. Las vitaminas y los minerales se encargan de muchas funciones en nuestro cuerpo. Sin ellos, nos iría muy mal. Así que, por favor… come verduras… ¡y frutas!

Las frutas y los vegetales son especialmente importantes cuando se los ingiere en su forma más natural. Es decir, como sea que esa fruta o verdura crezca probablemente será la forma más saludable de consumirla. Y, si necesitara cocción, cuantas menos cosas le agregues, mejor. Entonces, en lugar de añadirle azúcar a tus frutillas o fresas, aprende a disfrutar de ellas tal como son, solas y al natural. Y ahora piensa por un momento en la batata. La forma más saludable de comerla es horneada, en vez de mezclada con azúcar y manteca, por ejemplo. Con algunas pocas excepciones (las zanahorias, los tomates y las berenjenas, cuyo valor nutricional aumenta cuando lo cocinamos), las hortalizas son más saludables cuando las comemos tal como crecen, con muy poca cocción y sin nada de salsa o condimento.

Las proteínas

Cuando piensas en proteínas, seguramente pienses en la *carne*. El pollo, el bife, el cerdo, el cordero y el pescado son las fuentes de proteínas que más se consumen en América. Todas las células de nuestro cuerpo están hechas de proteínas. Y la proteína misma está compuesta de veinte aminoácidos, nueve de los cuales el organismo no puede producir por sí mismo y son llamados *aminoácidos esenciales*. Para que el cerebro, la médula espinal, el sistema digestivo, los riñones y el sistema inmune funcionen correctamente, necesitamos comer alimentos que contengan muchas proteínas y así obtener esos aminoácidos esenciales. Sin la cantidad adecuada de proteínas, los músculos no funcionarían, las células no podrían repararse si fueran dañadas por toxinas de nuestro cuerpo o del medioambiente, y ni siquiera podríamos pensar apropiadamente. De todos modos, recuerda que una exagerada cantidad de proteínas también podría causarnos problemas de salud.

Mientras que obtener proteínas provenientes de animales es muy común en nuestra cultura, hay una gran cantidad de países más "saludables" alrededor del mundo donde la gente obtiene su ingesta de proteínas de otras fuentes, como las legumbres, los frutos secos y las semillas. También encontramos proteínas en el arroz, e incluso en el pan y las pastas. Así es que las personas que no comen carnes, ya sea por razones de salud o porque no les agrada la idea de que los animales sean usados como alimento, también pueden conseguir la cantidad necesaria de proteínas.

Existe una tendencia entre las chicas de realizar una dieta vegetariana o vegana con el fin de perder peso; sin embargo, evitar o limitar el consumo de alimentos de origen animal es una elección de estilo de vida que debe tomarse con muchísimo cuidado y consciencia. Después de todo, no es una solución para perder peso. Si crees que una dieta restringida es la solución para tus preocupaciones sobre tu peso, te recomiendo que hables con un profesional de la salud o un nutricionista. Es importante tener una mirada más profunda sobre tu relación con la comida y con tu cuerpo.

¿Alguien dijo carne?

¡La carne, el queso y el pescado no son las únicas alternativas para ingerir proteínas! Estas son algunas de mis opciones favoritas sin recurrir a las fuentes animales.

- Frijoles o porotos: el *chili de frijoles mixtos* es uno de mis platos preferidos. Y agregar frijoles a los burritos, a las ensaladas o a las pastas es otra manera fácil y sabrosa de obtener proteínas. Estas legumbres también son deliciosas cuando se pueden untar: el *hummus*, por ejemplo. Mantén tu mente abierta para este grupo: ¡te podrías sorprender!

- Soya: mientras que los productos con soya deben comerse con moderación, el *tofu* (granos de soya levemente procesados) es una gran fuente de proteínas y puede agregarse, con muy poca preparación, en salsas calientes o ensaladas. La soya procesada puede usarse en tacos y burritos, y hay muchas otras maneras de consumir frijoles o porotos de soya en formas que jamás habrías imaginado: como hamburguesas o como queso vegetal.

- Frutos secos: además de la mantequilla de maní, existe la mantequilla de almendras, que es igual de deliciosa, pero posee más grasas "buenas" (las monoinsaturadas) y menos grasas "malas" (las saturadas). Un snack de almendras, nueces o castañas de cajú es una excelente alternativa para obtener proteínas y grasas saludables. ¡Un puñado de almendras y una manzana es uno de mis snacks favoritos!

- Otras opciones: la avena y la quinoa también contienen muchísimas proteínas.

Carbohidratos

Los carbohidratos son la principal fuente de energía para nuestro cuerpo, y son importantes porque están hechos de azúcar. Y, si bien ya dijimos que tanto azúcar no es bueno para nuestro organismo, el tipo correcto de azúcar (como el que se encuentra en los alimentos con carbohidratos) es crucial para darnos energía. Ya sea que vayas a hacer abdominales en tu clase de educación física o que te quemes las pestañas estudiando para tu próximo examen, necesitas de los carbohidratos para que tus músculos se muevan de manera eficiente y tu cerebro piense mejor. ¿Has oído hablar de que el desayuno es la comida más importante del día? Eso sucede porque, durante la noche, cuando no te alimentas, el nivel de azúcar en la sangre disminuye. Luego, en la mañana, comer carbohidratos ayuda a que tu cerebro y tu cuerpo arranquen bien el nuevo día. Los carbohidratos están presentes en alimentos almidonados, como el arroz, la avena, el pan y las pastas. También, en algunas frutas y verduras, como en los plátanos o bananas, las manzanas, las zanahorias, el brócoli y las papas.

A veces oímos que alguien dice que quiere dejar de comer carbohidratos porque estos "son malos". En realidad los carbohidratos son buenos, pero la forma en que solemos comerlos no: con mucha salsa o agregándoles más azúcar y grasas artificiales. Entonces, por ejemplo, las pastas pueden ser un plato saludable, que brinda una gran cantidad de energía a largo plazo —¡por eso muchos maratonistas comen pastas antes de una carrera!—, pero si las cubres de queso y manteca, esa energía *disminuye*. Además, si no hacemos actividad física, no llegamos a quemar esos carbohidratos, y es eso lo que contribuye al aumento de peso. Los alimentos elaborados con granos enteros, como el pan integral y la pasta integral, se digieren más lentamente —haciéndonos sentir llenas por más tiempo— y le aportan más energía al cuerpo.

El gluten es una proteína que se encuentra en los alimentos que contienen trigo, cebada o centeno (ingredientes presentes en muchos de los carbohidratos más comunes, como el pan y la pasta). Algunas personas son alérgicas al gluten y se sienten mal cuando lo consumen. Para las personas celíacas, que no toleran el gluten, comer una porción mínima de esta proteína podría ser peligroso. Si notas que tienes muchos gases, tu estómago se inflama o te sientes constipada luego de comer pan o cualquier tipo de pastas, háblalo con tu médico. Hay muchas opciones de alimentos libres de gluten en el mercado, y que son verdaderamente deliciosos, así que no hay nada de qué preocuparse.

Calcio

Otro de los infaltables en nuestra alimentación es el calcio, que puede provenir o no de una fuente láctea. El lácteo es rico en calcio y proteínas, pero también puede ser rico en grasas, azúcares y sal, así que debes tener cuidado al momento de elegir qué tipos de lácteos consumes. Por ejemplo, ingerir un yogur en el desayuno es muy distinto a comer un delicioso sundae todos los días. Muchas personas sienten dolor de estómago cuando consumen lácteos, ya que una gran parte de la población no puede descomponer la proteína que contiene la leche de vaca. En mi país hasta un 95% de determinados grupos de personas, como los afroamericanos, los judíos con descendencia de Europa del Este y los nativos norteamericanos, entre otros, no pueden procesar los lácteos correctamente. Si alguna vez sentiste náuseas o molestias en el estómago luego de comer pizza o helado, deberías consultar con un médico al respecto. Hay muchas maneras de obtener el calcio necesario, incluso si no consumes lácteos. Lo encuentras en las legumbres, en el tofu, en muchos frutos secos, cereales y semillas, y en varios vegetales, especialmente los de hojas verdes.

Aceites

Estoy segura de que ya has escuchado bastante sobre la "grasa" como para tenerle miedo… Se habla mucho acerca de los alimentos que no poseen grasas o que son bajos en grasas, y hasta pareciera que hay un millón de programas de pérdida de peso o de cómo hacer ejercicios que prometen ayudarte a "eliminar o quemar grasa" del cuerpo. La verdad es que nuestro organismo necesita de una cierta cantidad de grasas para poder funcionar bien, pero siempre del tipo correcto. Pues la grasa ayuda a las células en la importante tarea de dividirse y crecer; además, protege los órganos y nos mantiene calientes cuando hace mucho frío, y ayuda a nuestro cuerpo a absorber los nutrientes necesarios cuando comemos. También la grasa nos permite producir la cantidad exacta de hormonas.

Existen muchas fuentes saludables de dónde obtenerla, como el aceite de oliva o los aceites que se encuentran en la nuez, las almendras y las castañas de cajú. La palta o aguacate es otro alimento maravilloso que contiene grasa, y puedes usarlo para preparar guacamole (una de mis formas preferidas de comer palta). Ahora bien, los alimentos que contienen mucho aceite o todo lo que sea freído en aceite, como las alitas de pollo y los aros de cebolla, tienen una alta concentración de aceites no saludables, y créeme que no querrás comer eso todos los días.

Guacamole rico y fácil

Aquí te paso una receta simple y rápida para hacer guacamole.

Toma una palta/aguacate (o dos) y córtala por la mitad con mucho cuidado. Elimina su semilla. Quítale toda la pulpa y colócala en un plato. Pisa la pulpa con un tenedor y agrégale una pizca de sal y un poco de jugo de limón. Aplasta un pequeño diente de ajo y añádelo a la mezcla. Luego, súmale un puñado de cebolla picada, tomate y cilantro. Listo. Pruébalo con un trozo de verdura o una galleta. ¡Delicioso!

LA ELECCIÓN DE LOS ALIMENTOS

Hay mucho para decir sobre los alimentos que deberíamos y no deberíamos comer. Escuchamos todo tipo de cosas:

Come más frutas y verduras.

No tomes bebidas azucaradas.

Consume granos integrales.

Evita alimentos con gluten.

Come menos carne, pero asegúrate de ingerir proteínas.

No comas demasiados dulces, pero tampoco te prives del todo.

Evita la comida chatarra... ¿Pero qué pasa si justamente esta es la más fácil de conseguir? Además, la comida chatarra sabe muy bien y es económica... ¿Qué podría ser mejor? Sin embargo, tenemos que saber que contiene muchísima azúcar y muchísima sal; y suele tener mucha grasa también. Y son estos tres ingredientes los que le dicen a tu cerebro: *"¡Qué rico! ¡Cómeme, cómeme!"*.

El asunto es que la comida chatarra y todos aquellos alimentos ricos en carbohidratos, sal y azúcar hacen que nuestros cuerpos ingieran muchas más calorías de lo necesario en una sola comida. Con el tiempo, esto nos traerá muchos problemas de salud, además de contribuir a una indeseada subida de peso. Seguramente estarás pensando en todos esos chicos que comen siempre comida chatarra y aun así son delgados, ¿verdad? Bien, recuerda que para algunas personas subir de peso no es algo inmediato, pero eso sin dudas sucederá en algún momento de la adolescencia o incluso un poco más tarde. Además, darle a tu organismo tanta comida chatarra puede ocasionar serios problemas en tu interior, aún si te ves delgada por fuera. Y lo que queremos es un cuerpo saludable... ¡por dentro y por fuera!

Para una vida más saludable, muchas personas adoptan ciertas costumbres alimentarias que las ayudan a tomar mejores decisiones respecto de la comida. Por ejemplo, en algunas partes del mundo, la gente piensa que consumir animales es poco saludable para sus cuerpos y también para sus almas, así que no comen ningún tipo de carne. En Japón y China, históricamente la gente vive más años y de un modo más saludable, y ellos se alimentan de mucho pescado, pero nada de lácteos y muy poca carne roja. De hecho, en la mayoría de los países del mundo la principal fuente de proteínas no es la carne. Por el contario, Estados Unidos tiene las tasas más altas de problemas de sobrepeso, cáncer, diabetes y afecciones cardíacas. Cualquier país que funcione importando comidas procesadas y abriendo cadenas de comida rápida todo el tiempo comenzará a tener estos mismos problemas de salud, y esa sí que es una clara conexión entre alimentación y salud.

Es por este motivo que algunas personas han adoptado ciertas variaciones de una dieta vegetariana. Los vegetarianos suelen comer lácteos y huevos, pero nada de carne. Algunos no comen carne, pero sí pescado; y a esos se los llama *pescetarianos*. Las personas que siguen una dieta vegana (yo soy una de ellas) no comen ningún producto de origen animal. Eso significa: nada de carne, pescado, lácteos ni huevos. Ser vegano o vegetariano no es algo imposible, pero sí requiere de cierta investigación previa para poder mantenerte fuerte y saludable. Después de todo, no puedes comer papas fritas todos los días y decir que eres vegana o vegetariana. Tienes que asegurarte de que estás consumiendo suficiente comida saludable para que tu cuerpo siga funcionando de la mejor manera.

Seguir una dieta vegana o vegetariana no es para todo el mundo, y eso está bien. Sin importar lo que comas, recuerda lo siguiente: *cada comida es una oportunidad para hacer buenas elecciones*, y nadie come "perfecto" todo el tiempo. Esto no se trata de perfección. Fíjate si puedes expandir tus gustos y tu mente lo suficiente como para comprometerte con tu cuerpo a hacer lo mejor que puedas por él, una comida por vez. Algunas personas e incluso algunas escuelas de mi país han participado de un programa llamado

"Lunes sin carne", que es una manera divertida de intentar consumir menos carne, al menos como un comienzo.

Usualmente son nuestros padres los que deciden qué comemos la mayor parte del tiempo. Si tus padres son como los míos, te prometo que no querrán oír tus críticas sobre lo que te dan de comer. Pero puedes decirles que has estado informándote sobre alimentación y quizás haya algunas cosas que todos podrían modificar en casa para incorporar hábitos más saludables, siempre y cuando no se salgan del presupuesto, claro. Si planteas esto como una posibilidad de lograr que toda la familia se alimente mejor, no será visto como una crítica. Y hasta podrías dar un paso más y ofrecerte a ayudar con las compras, con la cocina o —mejor incluso— ¡con la limpieza después de comer!

MINDFULNESS

Existe un concepto, llamado *mindfulness*, que debería ser clave cuando estamos comiendo. Se trata de ser consciente y darse cuenta de lo que estás haciendo aquí y ahora. Esta idea tiene sus raíces en la filosofía oriental de hace miles de años, y es la base de muchas prácticas de yoga y de meditación, pero bien podría aplicarse también a la alimentación.

Habrás notado que en muchas culturas y tradiciones religiosas, la gente reza antes o después de comer; y aunque esta práctica puede no funcionar para algunas familias, la idea es buena porque de cierto modo está relacionada con el *mindfulness*. Comer es algo que muchas personas dan por hecho. Lamentablemente, no todos los chicos tienen acceso a la cantidad y a la variedad de alimentos que nosotras sí tenemos. La próxima vez que te sientes a almorzar o cenar, tómate unos segundos para agradecer que tienes algo para comer. Si quieres, sé más específica y agradece que lo que estás por comer va a nutrir tu cuerpo y tu vida. Al principio podrá parecerte un poco tonto practicar *mindfulness* mientras te alimentas, pero es realmente interesante y positivo intentarlo.

¿Por qué este concepto es importante a la hora de comer? La filosofía del *mindfulness* nos alienta a ir más despacio por la vida y tomarnos todo con más calma. ¿Cuántas veces nos atiborramos de comida? ¡Yo sí lo hago! Cuando comemos muy rápido, solemos ingerir más comida de la que deberíamos, y luego nos duele el estómago porque nunca le dimos tiempo a nuestro cuerpo para que haga la digestión. Ser así de conscientes también nos permite recordar que comer es parte de lo que somos, no solamente algo que nos sucede. Incluir momentos de calma mientras comes puede ayudarte a ver la comida como parte de aquello que te mantendrá activa durante el día, y no simplemente como algo que damos por sentado.

Los mensajes que enviamos al cerebro

¿Sabías que a tu cerebro le lleva unos 20 minutos recibir el mensaje de que ya has comido lo suficiente como para sentirte llena? Cuando comes, el alimento

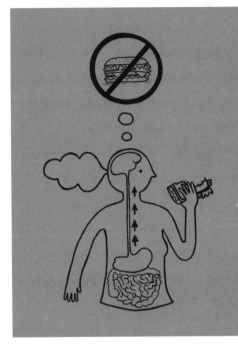

llega a tu estómago, y el estómago envía señales a una parte del cerebro llamada *hipotálamo*. Entre sus funciones, el hipotálamo se encarga de hacernos saber que ya hemos comido suficiente y estamos llenas. Si comes rápido, no le estarás dando tiempo al cerebro para que pueda darte la señal de detenerte. La manera de evitar que esto suceda es simplemente comer despacio y pausadamente.

EL EJERCICIO

¡Haz ejercicio! Es probable que escuches esto todos los días en la escuela, e incluso en casa. ¿Tengo razón?

¡Sal a caminar!

¡Encuentra un deporte que te guste!

¡Sal a correr un rato!

¡Deja de mirar la computadora (o la tele) y haz un poco de ejercicio!

Bueno, tal vez esto es solo lo que mis padres me pedían a los gritos que hiciera, pero estoy segura de que sabes a qué me refiero. En cada país suelen haber diversos organismos que se ocupan de diseñar campañas y anuncios recordándonos lo beneficioso que es hacer ejercicio.

No voy a mentirte: tienen razón. Ejercitarnos y mover el cuerpo es algo que necesitamos hacer todos los días. Durante la mayor parte de la historia de la humanidad, las personas no tuvieron vehículos ni ningún otro medio de transporte. Piénsalo un momento: si querían ir a algún lado, caminaban. Incluso cuando comenzaron a construir aldeas y luego pueblos y ciudades, no todos tenían la posibilidad de conducir. La gente seguía caminando. Hoy en día muchos vivimos en lugares donde no se puede ir a pie a todos lados. Claro, puedes salir a caminar por tu barrio, si lo deseas; pero en donde yo vivo, si quieres ir al mercado, a la escuela o incluso encontrarte con amigos, debes hacerlo en automóvil.

Hay otros lugares alrededor del mundo donde salir a caminar para llegar a cualquier lado es la norma. ¿Y sabes qué es lo que todos esos lugares tienen en común? Las personas que viven allí suelen ser más sanas. Es que caminar hace que nuestro cerebro libere endorfinas, y estas disminuyen el nivel de estrés y nos llenan de calma y armonía. Además, esas personas tienden a estar en buena forma; y no me refiero a que sean súper flacos solo porque queman calorías al caminar. Son más sanos también por dentro: se enferman menos y admiten sentirse mejor en términos generales.

Por eso, siempre tenemos que crearnos oportunidades para mover el cuerpo. Aquí tienes algunas ideas:

Caminar es gratuito, y no requiere de ningún tipo de equipamiento. Solo necesitas un par de zapatos deportivos con los que te sientas cómoda. Toma tus auriculares y camina aunque sea unos 15 minutos. Puedes ir por tu vecindario, solo si es un lugar seguro, claro. Cualquier opción es buena.

Yo a veces salgo a caminar por las calles de mi ciudad. Pero recuerda que caminar por los centros urbanos significa que tendrás que detenerte en semáforos, que hay perros que querrán olerte o gente que caminará demasiado lento delante de ti, y todo eso podría afectar tu ritmo. Aunque también resulta divertido descubrir cosas nuevas mientras caminas... ¡siempre y cuando no haya perros grandes y babosos oliéndote a cada paso!

También me gusta descubrir lugares hechos especialmente para caminar, sin automóviles ni perros ni mucha gente dando vuelta. Seguramente haya opciones así en tu ciudad o pueblo que jamás has explorado. Así que métete en Internet y ponte a buscar. Los parques y los senderos locales son una buena idea para empezar. Requerirá un poco de esfuerzo, pero es una inversión para tu cuerpo y tu salud. ¡Hazlo!

Y este es un tip para cuando salgas a caminar: a menos que te guste estar sola o andar absorta en tu música, ir acompañada de una amiga o familiar a veces puede ser mejor. Yo lo hago, y llego a realizar un recorrido dos o tres veces más largo de lo que lo haría sola, porque vamos riendo y charlando y eso nos ayuda a motivarnos. Establecemos metas y hasta nos damos recompensas para tener algo por lo que esforzarnos. Así que decimos cosas como: *"Después de hacer este recorrido 5 veces, iremos al cine"*. Incentivos así le agregan un toque de diversión y nos hacen trabajar por un objetivo en común.

Si salir a caminar no es lo tuyo, tal vez haya algún deporte que te gustaría practicar, y eso sería fantástico. Los deportes son una excelente manera de poner tu cuerpo en movimiento ya que trabajas todos los músculos. Si te dedicas a un deporte en equipo, también sociabilizas, lo que hace todo aún más divertido y aleja tu mente del esfuerzo que estás haciendo.

Deportes para la salud

El deporte es una excelente opción para mantenerte activa y tener una relación sana con tu cuerpo.

- Un efecto secundario es que tarde o temprano te pondrás en forma, sea esa o no tu excusa para hacerlo. Y no importa si eliges correr en una pista profesional, dar algunas vueltas en la piscina, o ser parte de un deporte en equipo como el vóleibol o el fútbol. Todo es bueno. Tu cuerpo funciona como una máquina de quemar grasas, e incluso es más eficiente cuando tienes mucho músculo y poca grasa, lo que significa que puedes preocuparte menos por las calorías que vayas a ingerir.

- Practicar un deporte te conecta con tu cuerpo de maneras realmente saludables. Aprendes a decidir qué alimentos serán una mejor opción para poder ser fuerte y veloz, y también a apreciar todo lo maravilloso que tu cuerpo puede hacer.

CUESTIÓN DE CUERPOS

Muchas veces las cosas que experimentamos cuando vivimos la transición de niña a mujer pueden ser algo intimidantes, e incluso hasta un poco escalofriantes. Los cambios en la pubertad sumados al nuevo modo en que nuestro organismo procesa la comida a medida que crecemos pueden abrumarnos. Y las demandas de nuestro organismo para equilibrar las nuevas curvas y los depósitos de grasa que aparecen (y que son absolutamente normales) pueden hacernos creer que ya no entendemos nuestro propio cuerpo. Pasamos tantos años teniendo el mismo aspecto físico que ni siquiera pensamos al respecto. Y de repente, ¡bum! Cambia. Aparecen otras necesidades, la ropa nos queda diferente, y podemos sentirnos extrañas. Los chicos (o incluso otras chicas) podrían hacer comentarios si tu cuerpo cambia de golpe, o si cambia demasiado lento (¡como fue mi caso!), y toda esa atención también puede hacerte sentir incómoda.

Existen muchísimas formas y tamaños de cuerpos; sin embargo, para los medios de comunicación solo hay un modelo de mujer que predomina: flaca. Y no solo "muy" flaca, sino *super* flaca. Ver esas imágenes en la tele, en las películas, en los anuncios de las revistas o en los carteles que adornan la ciudad puede generarnos mucha confusión. Hay algunos cuerpos que son naturalmente libres de grasa y de curvas, y eso es simplemente por la contextura que tienen algunas chicas y mujeres. Pero los cuerpos de la mayoría de nosotras no fueron hechos para lucir de ese modo. Y si lo hicieran, no sería algo saludable. ¿Sabías que en Estados Unidos la talla promedio de un vestido de mujer es 16? Mientras que la talla promedio de un vestido para las modelos es 0. ¿Sabías que casi todas las fotos que ves de modelos han sido "photoshopeadas"? Eso significa que las fotografías se digitalizan para que todas aquellas cosas percibidas como imperfecciones, y que muchas de nosotras consideramos una parte normal de nuestro cuerpo, sean eliminadas de la imagen (por ejemplo, el rollito en la parte baja de la panza o la piel que se sale por entre los breteles del sostén). Por lo tanto, esas fotos de modelos que ves por ahí ni siquiera muestran cómo luce la modelo en la vida real. ¿Puedes imaginarte eso? Aquí tienes cómo se verían las modelos si tuvieran el cuerpo de una mujer estadounidense promedio.

¿Y qué es lo que provoca ver esas imágenes tan alejadas de la realidad?

Bueno, desde mi experiencia personal diré que pueden hacerte creer que algo anda mal, porque tú no te ves así. Si cada imagen de mujer que veo no se parece en nada a mí, mi cerebro tomará esa información y dirá: *"Uy, si todas son así y yo no, entonces hay algo que estoy haciendo mal"*. Todos queremos encajar. Y puede que haya algunas excepciones, pero en la mayoría de los casos, quisiéramos parecernos a los demás aunque sea un poco. Si creemos que desencajamos, nos sentiremos mal.

Entonces, ¿qué sucede cuando nos sentimos así? Bueno, queremos ahuyentar esos sentimientos negativos. Y lo más inteligente que podemos hacer para alejarlos es realizar cosas que nos hagan sentir bien con lo que somos. Es importante rodearnos de imágenes positivas de mujeres en los medios y estar cerca de personas a las que admiramos y que sabemos que nos apoyan por aceptarnos tal como somos. Y también es fundamental encontrar amigos comprensivos con los que podamos hablar de cómo nos sentimos.

Sin embargo, lo que muchas de nosotras hacemos (me incluyo) es intentar parecernos a las personas de las imágenes. Algunas chicas se ponen a dieta a muy temprana edad, y muchas otras se sienten avergonzadas de cómo se ven en un momento de sus vidas en que el cuerpo debería ser celebrado y disfrutado por el solo hecho de que nos permite correr, jugar, aprender y crecer.

Es saludable querer logar mejoras en tu apariencia y en tu cuerpo; y si tienes problemas de salud o has hablado con un médico sobre la necesidad de generar algunos cambios, podrías empezar por saber cuáles son las porciones de comida adecuadas. También es muy importante aprender más sobre cómo el ejercicio físico puede ayudarte a quemar calorías e intentar aplicar a diario el concepto *mindfulness*. Nunca debemos olvidar que hacer dieta también puede ser peligroso y podría crear un estado mental que te llevará a no estar feliz con tu presente, lo que puede transformarse en un problema mucho más serio.

Pensar que debes perder peso y sentir que siempre estás gorda, incluso cuando tienes un peso saludable, puede desembocar en un desorden alimentario. Algunos ejemplos de estos desórdenes son: la anorexia, la bulimia y los atracones.

Cuando sufres de anorexia, piensas que debes perder peso y siempre te ves gorda. La anorexia no es simplemente una forma de ponerse a dieta; comienza con cambios en tu cerebro que se vuelven más complejos a medida que tú restringes aún más lo que comes. Y esto sucede porque las partes de tu cerebro que son responsables de tomar decisiones sin pensarlas empiezan a confundirse. Este trastorno puede hacer que las personas se mueran de hambre, ya que no obtienen las calorías suficientes para mantener sus cuerpos funcionando. Cuando una persona es anoréxica, suele saltearse comidas, o comer muy poquito, o solo come alimentos de muy bajas calorías.

Quienes padecen de anorexia también suelen tomar laxativos o pastillas para adelgazar con la idea de perder aún más peso. Estas pastillas son muy malas para tu organismo y pueden incluso ocasionarte problemas intestinales, deshidratación severa o un desequilibrio en los electrolitos, lo que puede causar la falla de algún órgano o dañar tu corazón.

¿Recuerdas cuando dijimos que el cuerpo necesita un equilibrio de carbohidratos, proteínas y grasas para poder mantenerse saludable? Bueno, la persona anoréxica no tiene ese equilibrio. Por eso, es probable que se enferme con más frecuencia, que su cabello empiece a caer, que sienta frío todo el tiempo y que su corazón deje de latir correctamente porque no hay suficiente combustible para mantenerlo activo. Si tú estás evitando comer o restringes la ingesta de alimentos para mantenerte delgada, por favor busca ayuda. Lo mismo, si conoces a alguien que esté en esa situación.

La bulimia es un desorden alimentario relacionado con una práctica muy dañina y peligrosa: la de ocasionarse el vómito para sacar fuera la comida que ya has ingerido. A veces, además de los vómitos, hay chicas que dejan de comer durante días o semanas (como en la anorexia) para luego darse atracones, comiendo grandes cantidades de comida de una sola vez, incluso cuando no tienen hambre. También suelen esconder lo que están comiendo. Esto viene acompañado de una enorme sensación de culpa. Las personas bulímicas que se dan atracones casi siempre se provocan el vómito, y el ciclo se repite una y otra vez. (A veces, las chicas no vomitan, y solo se dan atracones y se sienten culpables más tarde; a esto se le llama "desorden por atracón"). Además del peligro de no contar con suficiente combustible para que tu cuerpo funcione bien, este trastorno también puede hacer que los ácidos estomacales generen llagas en tu garganta y tu boca y que desgasten tus dientes. Los atracones y el vómito inducido son evidencia de una relación muy nociva entre nosotras, nuestra comida y nuestros cuerpos, y está muy lejos de ser la llave a la belleza o a la felicidad. Si tú o alguien que conoces están haciendo esto, por favor, busca ayuda.

Existe otro desorden llamado "bulimia de ejercicio". Sucede cuando una persona ingiere grandes cantidades de comida de una vez y luego hace ejercicio a niveles peligrosos, como ser durante varias horas al día, solo para perder las calorías de lo que acaba de comer. Esto puede causar problemas de salud; por ejemplo, huesos débiles y mayor predisposición a las lesiones.

El ejercicio es algo maravilloso para nuestro cuerpo, tanto por dentro como por fuera, pero hacer ejercicio desproporcionado y contar calorías para después quemarlas son cosas extremadamente peligrosas. No es bueno sentirte culpable por no deshacerte de esas calorías que comiste. Si tú o alguien que conoces están haciendo esto, busca ayuda.

Si te encuentras en alguna de las situaciones que acabamos de mencionar, habla con un adulto de confianza. Existen muchos organismos especializados en estos trastornos que pueden ayudarte.

Imagen corporal

¿Sabías que la imagen del cuerpo varía según la cultura? Hace unos 30.000 años, esta mujer se veía "sexy".

Foto cortesía del Naturhistorisches Museum, Viena

Y en la Europa Medieval, mujeres como las que vemos en los cuadros de Pedro Pablo Rubens eran consideradas hermosas.

© Museo Nacional del Prado

En muchas culturas, las mujeres con cuerpos fuertes son consideradas hermosas, incluso si no son delgadas. Por ejemplo, las hermanas tenistas Williams, Venus y Serena, han ayudado a redefinir el concepto de belleza. No son súper delgadas ni usan talla 0, pero son fuertes y fabulosas.

Hoy en día existen muchas campañas publicitarias que usan mujeres de medidas más grandes para demostrar que todos los tamaños deberían ser representados y también que la belleza no está definida solo por el tamaño. Hay modelos de pasarela de talla grande que inspiran a mujeres y niñas de todas las edades para que sientan que ellas también son hermosas y que merecen una atención positiva, sin importar su tamaño.

También hay tiendas que se especializan en moda para mujeres que no encajan con el modelo actual –muy flaca–, y algunas compañías comenzaron a incluir a mujeres de diferentes tallas. Estos son los cambios que necesitamos ver y que nos ayudarán a apreciar todos los cuerpos, no solo los que vemos en modelos de talla 0.

PARA TERMINAR

Con tanta atención que los medios ponen en las dietas o en cómo lucir cuerpos "perfectos", a veces podría parecer que la comida es nuestra enemiga. Pero la comida debería estar para disfrutarse y para brindarnos sustento; el ejercicio debería levantarnos el ánimo y ayudarnos a lograr una figura bonita también en nuestra alma, y no solo en nuestros músculos. Espero haberte inspirado a que te embarques en una aventura hacia un interior y un exterior más sanos.

Es muy importante alimentar nuestro cuerpo para que crezca lo mejor posible. Las decisiones que tomamos sobre lo que comemos —incluyendo la atención plena que le dediquemos a la acción de alimentarnos y el equilibrar nuestra vida con el ejercicio— no solo pueden mejorar nuestra salud sino también, algo más importante, hacernos comprender la relación que tenemos con nuestro cuerpo. Los cambios en tu dieta y en tu estilo de vida no tienen que darse de la noche a la mañana. El primer paso hacia un cuerpo y una mente saludables comienza con ser conscientes de lo que hacemos, entender que lograr cambios lleva tiempo y estar dispuestas y abiertas a tomar decisiones más saludables, mientras te perdonas por no hacerlo a la perfección todo el tiempo.

Tres

CÓMO APRENDEMOS

Una de las cosas más asombrosas de crecer (y de convertirse en mujer) es que estamos aprendiendo todo el tiempo. Probablemente estés pensando: *¿Qué? No siento que esté aprendiendo; y de ser así, definitivamente no diría que es algo asombroso.* Pero, adivina qué: el cerebro está preparado para aprender incluso cuando no creemos que lo estemos haciendo. En ese sentido, la Madre Naturaleza es engañosa; ¡se asegura de que podamos ser listas, fuertes y auténticas seamos o no conscientes de que estamos trabajando en ello!

Cada vez que experimentamos algo, eso se almacena en nuestro cerebro, incluso si no lo registramos conscientemente. Hay una región del cerebro responsable de la memoria y el aprendizaje. Se la denomina *hipocampos*, porque tiene forma de caballito de mar (en griego, *hipos* significa "caballo" y *kampus*, "monstruo de mar").

El hipocampo está compuesto de varias capas de células especializadas, que se encuentran todas juntitas y enroscadas como en un strudel, haciendo que la comunicación entre ellas sea muy veloz y eficiente. Cuando experimentamos algo, las células se disparan en formas específicas y dejan una huella en esta región del cerebro. Más adelante, cuando necesitemos nuevamente esa información, las células pueden volver a dispararse y ayudarnos a encontrarla.

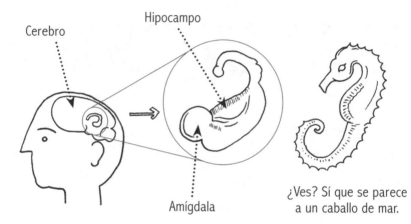

Cerebro

Hipocampo

Amígdala

¿Ves? Sí que se parece a un caballo de mar.

Ahora bien, no todas las experiencias serán tratadas de igual manera por nuestro cerebro. Los recuerdos guardan un contenido emocional. Por ejemplo, todavía recuerdo lo que mi primer novio, Josh Netburn, me dijo –e incluso lo que tenía puesto– el día que en el pasillo de la escuela, frente al aula de cuarto grado, decidió romper conmigo... Todas esas vivencias son más fuertes y fáciles de recordar en detalle. Lo mismo sucede con los recuerdos asociados con una música o con un olor en particular, ya que esa información extra les otorga intensidad en el momento de archivarlos en la memoria, aumentando así la posibilidad de recordarlos más fácilmente en el futuro. Esto pasa sobre todo con las experiencias más significativas o emocionales de nuestras vidas.

Este capítulo trata sobre cómo aprendemos lo que aprendemos y qué efectos tiene este proceso sobre nuestro cerebro y nuestro cuerpo. Hablaremos sobre los conocimientos que adquirimos en la escuela y por qué es importante estudiar, más allá de las razones que nos puedan dar nuestros padres. Hablaremos del aprendizaje físico y mental que adquirimos cuando comenzamos a practicar un deporte, y discutiremos sobre el tipo de aprendizaje que obtenemos cuando miramos televisión o una película. Por último, exploraremos lo que podemos aprender sobre nosotras mismas a través de nuestros pasatiempos.

LO QUE APRENDEMOS DE LOS LIBROS: LA ESCUELA

Algunos amamos la escuela, mientras que otros preferirían estar en cualquier otro lugar antes que dentro de un aula. A algunos no nos parece tan terrible la idea de estar en la escuela, porque allí también es donde podemos pasar el rato con nuestros amigos, aunque los exámenes y la tarea no suenen tan divertido como lo primero. La oportunidad que tenemos de aprender en la escuela es algo realmente especial, y no todos los niños del mundo pueden acceder a ella... en especial, si eres niña.

El privilegio de la escuela

Imagina no poder leer o escribir. Para millones de chicas en todo el mundo, esa es su realidad. Hay países en donde la escolarización está prohibida para las niñas, y esto se debe a que vienen de culturas donde se cree que las mujeres no necesitan ser educadas. Creen que, si las mujeres se vuelven demasiado inteligentes, no querrán casarse o hacer lo que sus familias necesitan que hagan. Existe una joven muy valiente y decidida llamada Malala Yousafzai, que fue herida de bala por un grupo de terroristas que no estaban de acuerdo con lo que ella defendía: su derecho a estudiar. En ese momento, Malala tenía 15 años. Desde que se recuperó de las heridas, ha estado trabajando incansablemente para garantizar que todas las niñas del mundo puedan hacer valer su derecho de asistir a la escuela. La educación les brinda a las niñas la oportunidad de trabajar, mantenerse y no tener que depender de un esposo como el único modo de estar protegidas, ¡y además expande su potencial de formas que podrían transformar el planeta entero!

Lamentablemente, vivimos en un mundo donde no todas las mujeres pueden contribuir de igual manera. Las jóvenes como Malala están modificando esto, y llegará el día en que la educación dará iguales oportunidades para hombres y mujeres, si es que seguimos luchando por ello. (Para más información, puedes consultar el "Informe de seguimiento de la educación en el mundo" en unesco.org).

¿Por qué vamos a la escuela? La mayoría de las personas cree que ese es nuestro deber, y creo que hay algo de razón en eso. Pero en realidad vamos a la escuela a aprender lo que necesitamos saber para poder contar con una cierta cantidad de destrezas y habilidades una vez terminada la escuela secundaria. Aunque no siempre pareciera cierto, la escuela te está preparando para la vida. No importa qué tipo de trabajo quieras hacer en el futuro, necesitarás tener al menos un entrenamiento básico sobre cómo leer, cómo entender e interpretar lo que lees y cómo comunicarte, ya sea de manera oral o escrita. Un entendimiento básico de las matemáticas será clave para que, cuando crezcas, puedas manejar tus propias finanzas y tomar decisiones referentes al dinero. Ese tipo de cosas las aprendemos en la escuela.

Y, a pesar de que estamos aprendiendo constantemente, algunos de nosotros necesitamos de cierto esfuerzo extra para poder ver la belleza que existe en el proceso de aprendizaje. Personalmente siempre me apresuraba para poder terminar rápidamente las tareas de matemática y de ciencias, y recuerdo también pasar muchas noches tratando de resolver fracciones y enunciados complicados. Solía pensar que era tonta porque parecía no poder entender cómo resolverlos, sin importar cuánto me esforzara. Creía que si no era "naturalmente" buena en una determinada materia, esa era la naturaleza diciéndome: *"¡Esto no es para ti!"*.

Cuando ingresé en la escuela secundaria sucedió algo milagroso que me cambió la vida para siempre: me enamoré de la Biología. En esa época trabajaba en la comedia televisiva *Blossom*, y parte de ser una niña actriz significaba tener a un tutor que me daba clases en el set de grabación. Mi tutora de Biología, Firoozeh, estaba estudiando para ser dentista; así que me daba clases solo para ganar algo de dinero extra mientras esperaba a recibirse. Jamás había conocido a alguien tan apasionado por el mundo de la ciencia y las matemáticas. Quería ser como ella. Y tuve que trabajar muy duro para convertirme en una científica, pero eso dio sus frutos, y hoy sé que le debo mucho a la inspiración que obtuve de Firoozeh.

Estudiar no siempre es fácil, pero te ofrece la posibilidad de desafiarte a ti misma y esforzarte por convertirte en lo que quieras ser. Encontrar el mejor modo de aprender será la llave que abrirá esa puerta hacia tu futuro. Si te cuesta estudiar, tal vez quieras hablar con algún profesor que te agrade, incluso si este no es quien enseña la asignatura en la que tienes problemas. Seguramente podrán ayudarte a descubrir mejores alternativas para lograr aprender aquellas cosas que más dificultades te generan. Vale la pena el esfuerzo... soy la prueba viviente de eso.

Aquí tienes algunos consejos que fui adquiriendo con el paso de los años.

1. No faltes a clase. Pareciera que no es necesario siquiera decirlo, pero lo haré de todos modos: no faltes a clase. Claro que es imposible prometer que JAMÁS te ausentarás, pero esto es lo que quiero que sepas: la mejor manera de aprender es estar allí cuando la trasmisión del conocimiento está sucediendo. Cuando nos acostumbramos a faltar o no valoramos nuestra presencia en el aula, damos inicio a un patrón que hará que nos atrasemos y que luego tengamos que correr para ponernos al día, lo que hace que todo se vuelva mucho más complicado. La consistencia es la clave para que el cerebro saque el mayor provecho

posible en un ambiente de aprendizaje como este. Trata a la escuela como si fuera un trabajo, como si te estuvieran pagando por ir. Si lo piensas por un momento, el trabajo que en el futuro pagará tus cuentas y con el que mantendrás una casa y todo lo que siempre has querido está relacionado con el tiempo que le dediques hoy a ir a la escuela. Así que ve a clases como si tu vida dependiera de ello… ¡porque así es!

2. **Lleva una agenda para poder organizarte.** Cumplir con tus tareas a tiempo hace que aprender sea más fácil. Consíguete una pequeña libreta y decórala como más te guste, personalízala para que no haya dudas de que te pertenece. Cada vez que te asignen una tarea o un trabajo práctico, anótalo y escribe la fecha de entrega. No importa si recibes fotocopias o si te piden que busques material en la web, siempre anótalo. Escribir hará que tu cerebro piense en eso y lo recuerde de una manera distinta. Un tip nerd: durante mis años de escuela yo escribía en mi agenda las tareas con un color específico según la asignatura. Puede que esto no te sirva a ti, pero haz lo que creas necesario para que tu agenda o libreta sea clara y organizada.

3. **No dejes nada para después.** A veces existen distintas razones por las que no puedes hacer tu tarea inmediatamente después de haber llegado de la escuela —y algunos cerebros necesitan un respiro tras una larga jornada

escolar. Pero vale la pena intentarlo. Verás que aprendes mejor cuando consigues practicar aquellas cosas de las que te hablaron en clase justo después de haberlas escuchado, ya que tu cerebro toma la información que está más accesible y la ingresa en la memoria de un modo más efectivo.

4. **Aprende a decirle no a la distracción.** Te encontrarás con muchísimas situaciones que querrán interponerse entre tú, la escuela y la tarea, y cada una le quitará energía a tu cerebro. Necesitamos un mensaje simple y claro cuando estamos tratando de aprender. Los mensajes de texto que te proponen salir a pasear un rato en vez de terminar la tarea, las notificaciones en el teléfono que te avisan que tienes un mensaje nuevo para ver… todo se interpone en el trabajo de tu hipocampo. Evita la distracción, y apaga siempre tu celular y la televisión mientras estés estudiando. Harás todo más rápido y mejor.

5. **Repítelo una y otra vez… Y otra vez.** Uno de los factores más importantes en el aprendizaje y la memoria es la repetición. Cuantas más veces pensamos en algo o estudiamos algo, más probabilidades hay de que eso quede almacenado en nuestra memoria a largo plazo. Las tarjetas mnemotécnicas pueden usarse para aprender casi cualquier asignatura, y puedes revisarlas las veces que quieras, en el lugar y momento que necesites. Hacer listas también es una excelente manera de comprometer el

sistema motor (a través de la escritura) en el proceso de la memoria. Esto ayudará a una memoria más desarrollada y mejor preparada, en especial en época de exámenes.

6. Sé creativa. No leas solo para aprender. ¡Involucra otras partes de tu cerebro y de tu cuerpo también! Escribir y rescribir palabras y hechos importantes estimula al hipocampo y lo anima a recordar todos esos detalles importantes que necesitas saber. Otro truco que te ayudará a la hora de memorizar ciertas cosas es inventar una canción. Ponerle música genera un impacto mayor en el hipocampo, haciéndolas más fáciles de recordar. Por ejemplo, a mí me pasó con los planetas del Sistema Solar, que aún hoy recuerdo porque mi profesora de Ciencias nos los había enseñado con una canción muy pegadiza. Sé creativa, ¡y tu hipocampo te compensará!

Aprender a jugar: deportes

En este proceso de transformarnos de niña en mujer, no solo aprendemos cosas en la escuela. También incorporamos habilidades que le dan un plus a nuestra personalidad y a nuestra vida en general. Cuando practicamos un deporte, estamos entrenando nuestro cuerpo para que este adquiera determinadas habilidades, pero también estamos combinando esas destrezas físicas con una serie de habilidades mentales. Esto genera un poderoso aprendizaje mental y corporal. Además de aprender a lanzar, atrapar, correr o saltar, también estamos aprendiendo a establecer metas y cumplir expectativas. Aprendemos a manejar el tiempo para cumplir con determinados objetivos, y buscamos el modo de organizar el tiempo de entrenamiento para mejorar nuestros resultados atléticos. Aprendemos a aceptar el hecho de que a veces se pierde y a veces se gana. También, a ser sensatas y compasivas gracias a la interacción que tenemos con otros deportistas.

También nos instruimos sobre cómo trabajar bien con los demás, en equipo, teniendo en cuenta sus fortalezas, sus debilidades y sus necesidades, y esa es una de las habilidades más importantes que podrás adquirir jamás. ¡La necesitarás toda tu vida! Entonces, si quieres fortalecer tu cerebro, desafíalo a través de los deportes y aprende mientras te beneficias por dentro y por fuera.

APRENDER SOBRE CULTURA: LOS MEDIOS

De pequeña, una de mis actividades favoritas era ir al cine. La experiencia en sí misma me parecía emocionante: desde las palomitas de maíz hasta esa mágica sensación de sentarse en un lugar a oscuras para ver una película en una pantalla gigante justo frente a tus ojos. Todo eso me hipnotizaba. Perderme en el mundo de fantasía de las películas también es algo que amé de niña y de adolescente, y que aún sigo amando de adulta. Lo mismo me sucede con la televisión. Cuando tenía tu edad, veía unas pocas horas de televisión durante la semana, y solo después de haber terminado la tarea. Los fines de semana por la mañana, veíamos dibujitos animados con mi hermano, mientras mis padres seguían durmiendo. Muy pocas veces encontrábamos una película para toda la familia. La elegíamos juntos o la rentábamos en el videoclub del barrio (¡eso era como tener Netflix!).

Jamás hubiera imaginado que todas esas películas y programas de televisión estaban aportando a mi crecimiento. Creí que solo estaba divirtiéndome y distrayéndome de la escuela y los quehaceres. Resulta que gracias a cómo funciona nuestro cerebro, además de hechos y números, también almacenamos recuerdos y experiencias emocionales —incluyendo cosas que vemos y experimentamos cuando miramos películas o la tele— que pasan a formar parte de nuestro cerebro y, de alguna manera, configuran nuestra personalidad para siempre.

Cuando pienso en mi infancia y adolescencia, recuerdo claramente que mis padres NO me permitían mirar muchas de las cosas que yo quería. Eran bastante estrictos al respecto, y no querían exponerme a determinado lenguaje, escenas de violencia o desnudez. Y muchas veces me perdía de películas y programas de TV que mis amigos sí veían. Eso me molestó mucho en su momento. Aún recuerdo lo mal que los otros niños me hacían sentir por no ir al cine a ver determinadas películas con ellos. ¡Era tan vergonzoso!

Ahora que soy madre, entiendo los malabares que deben hacer los padres para educarnos y lo mucho que las películas y la televisión nos pueden enseñar sobre la cultura y el mundo en general. Los padres quieren tener control sobre lo que sus hijos ven y aprenden, y eso tiene sentido. Pero yo fui una de esas niñas a las que se les prohibía ver determinados contenidos, y seré sincera al respecto: sé lo molesto que es cuando todo el mundo puede ver películas que tú no. No tengo ninguna poción mágica que haga que tus padres cambien de opinión, lo lamento. Lo que sí puedo decirte es que, incluso si lo vives como una desgracia, en unos pocos años no tendrá ningún tipo de importancia. ¡Espero que me creas!

Con frecuencia les digo a mis hijos que existen determinadas cosas en este mundo que son verdaderamente intensas y que, cuando las ves, ya no puedes ignorarlas. Ahora que sabes un poco más sobre la existencia del hipocampo, estoy segura de que estás de acuerdo conmigo. Hay un momento y un lugar para aprender, y tu cerebro lo sabe. Además, todos tenemos distintos niveles de sensibilidad frente a las cosas. ¿Alguna vez una película te hizo llorar porque era triste y emotiva, mientras que la persona con quien la veías no tuvo una reacción parecida? ¿Alguna vez viste alguna escena que te resultó perturbadora, mientras que conoces gente que vio lo mismo y no sintió nada en absoluto? ¿O alguna noticia que te causó repugnancia, mientras que la persona a tu lado la tomó como algo natural? Eso es porque todos somos diferentes. ¿Y por qué se dan estas diferencias? Bueno, parte de esto tiene que ver simplemente con la genética.

No solo heredamos el color de ojos o cabello y un esquema genético que dice cuán altos seremos, también heredamos la habilidad de procesar

información emocional de una manera determinada. Algunas personas son más resistentes y no se sienten tan afectadas frente a determinadas situaciones emocionales, mientras que otras son más sensibles y se sienten más vulnerables frente a las mismas situaciones. Ninguna de estas posturas está bien o está mal. Son diferentes, y nada más.

Lo que aprendemos cuando miramos películas y programas televisivos sí importa e influye mucho en nuestras vidas. Es responsabilidad de los padres proteger a sus hijos de las cosas que podrían molestarlos, herirlos o enfrentarlos a conceptos para los que aún no están preparados. Esta podría ser la razón por la cual tus padres no te dejan ver determinadas cosas. Es probable que ya te hayan visto reaccionar a algo similar en el pasado y por eso consideran que aún no estás lista para enfrentar determinadas cosas, y prefieren esperar a que crezcas y madures un poco más.

¿Cuánto tiempo podemos estar frente a la pantalla?

Luego de muchos años de investigación, la Academia Americana de Pediatría determinó que el tiempo que un niño pasa frente a una pantalla no debe superar las dos horas por día. *Sí. Dos horas por día.* Cuando estamos más tiempo frente a una pantalla que interactuando con el mundo que nos rodea, dejamos de lado la actividad física, la tarea escolar y las relaciones sociales.

Como experimento, trata de llevar un registro de cuántas horas pasas frente a la televisión o la computadora por día. Intenta ser más selectiva respecto del tiempo que permaneces frente a la pantalla y fíjate si puedes percibir la diferencia en tu vida. ¡Te sorprenderás!

APRENDER SOBRE TI: PASATIEMPOS

A pesar de que fui una chica muy social durante mi adolescencia, hubo otros momentos en mi vida en los que no estuve rodeada de amigos. Recuerdo épocas en las que les decía a mis padres que estaba aburrida, ¡y a ellos no les gustaba nada oír eso! De niña, me lo pasaba jugando en la calle y andando en bicicleta, pero cuando llegué a la preadolescencia esas actividades ya no parecían atractivas.

Una de las cosas que desarrollé apenas ingresé en la escuela media fueron mis pasatiempos. Seguramente leíste la palabra "pasatiempos" y te imaginaste a una viejita sentada en una mecedora, tejiendo. O tal vez, a una adolescente solitaria armando un rompecabezas. Por pasatiempo o hobby me refiero a cualquiera de los intereses que cada persona tiene y que podemos realizar solos o acompañados. Por ejemplo, hacer artesanías, tocar un instrumento, jugar juegos de mesa, coleccionar cómics o aprender más sobre un determinado acontecimiento histórico.

¿Cuáles son mis pasatiempos? Bien, comencé a tocar el piano cuando estaba en el kínder y hoy en día lo sigo haciendo. Escribo algunas canciones, pero sobre todo me gusta aprender a tocar la música que suelo escuchar y cantar, y eso abarca desde The Beatles hasta Adele, y todo lo que pueda haber en el medio. A los 10 años aprendí a tocar la trompeta, y participé en una orquesta y en una banda de jazz durante la escuela media.
A los 16 aprendí a tocar el bajo, y toqué en algunas bandas en mis años de facultad, pero era bastante tímida para subirme a los escenarios ¡y no continué! La música es un pasatiempo extraordinario y también un excelente ejercicio para la expresión emocional. Además, el cerebro hace cosas maravillosas cuando puede dominarla. La habilidad musical ha sido

relacionada con otras habilidades, como las matemáticas avanzadas y una mayor creatividad en otras áreas. Nunca es tarde para aprender a ejecutar un instrumento, y eso te lo puedo asegurar: ¡tuve que aprender a tocar el arpa para el programa *The Big Bang Theory* hace un par de años!

Otro hobby que tengo es coser. Fui criada por una madre que sabía coser muy bien (sus padres eran sastres) y fue ella quien me contagió su amor por la costura y me enseñó los distintos tipos de puntos, cómo ensamblar diferentes trozos de telas o hacerles mantas a mis muñecas. Las cosas que ella me enseñó fueron invaluables: usar la matemática, la geografía y la teoría del color, pero además ella me lo inculcó de un modo divertido, interesante e inspirador. Uno de los momentos más memorables que tengo con mi madre de niña es el de estar a su lado aprendiendo… y no solo a coser. Así es como funciona el aprendizaje: aprender cosas junto a otras personas es en sí mismo un proceso de aprendizaje. Incorporamos habilidades, y también aprendemos sobre la interacción, las relaciones y sobre qué cosas nos gustan y qué cosas no.

Fui creciendo y, aunque ya no juego con muñecas, mi amor por la costura y las artesanías permanece intacto. Todo lo que aprendí fue una fuente de inspiración incluso en mi época de preadolescente, cuando hacía collares y brazaletes para usar con mis amigas. Me inspiraba en lo que estaba de moda; frecuentaba las mercerías de mi barrio y les pedía a las personas que trabajaban allí que me ayudaran a imitar esas tendencias. Pasé de enhebrar cuentas en un hilo a agregar broches para que mi *bijou* se viera más refinada, elegí hilos y diseños más sofisticados también.

Luego incursioné en otros pasatiempos, como pintar con acrílicos, tejer agarraderas de cocina, aprender caligrafía. También intenté con el papel maché y tejí brazaletes para mis amigas. Mis hijos y yo probamos con el *fieltro*, una técnica donde utilizas una aguja especial para convertir una bola de lana en formas mucho más elaboradas y asombrosas, como animales y personas. ¡Y hace poco comencé a trabajar con resina epoxi para hacer pisapapeles llenos de cuentas, flores o glitter en su interior!

Los pasatiempos usan las habilidades ya aprendidas como un trampolín para expandir la imaginación y la creatividad. Tu cerebro se nutre de nuevos estímulos, así como de tu capacidad de incorporar la nueva información que, aunque parezca simple, con un poco de creatividad extra puede deleitar y alegrarte los días. Ese es el tipo de aprendizaje más gratificante que puedes experimentar.

Mis cosas

Estas son algunas de mis creaciones.

Este collar lo hice luego de ver uno similar en una boutique muy exclusiva. Era muy costoso y sabía que jamás iba a poder comprarlo, así que fabriqué mi propio collar (y con muy poco dinero).

Esta es una manta que mi madre me ayudó a hacer para mis muñecas. Mis hijos también la usaron para sus muñecos cuando eran muy pequeños.

Estas son algunas de las agarraderas que tejía con mi familia, algo que mi madre y yo aún disfrutamos de hacer. Ella cosía unas 12 juntas y las transformaba en pequeñas alfombras o tapetes.

Este es uno de los pisapapeles que hice. Recuerdo que utilicé una resina pegajosa y espantosa, así que necesité de la ayuda de un adulto, ¡aun así fue divertido!

Esto es lo primero que mis hijos y yo hicimos con fieltro: un muñeco de nieve con orejeras. ¿No es bonito?

PARA TERMINAR

Nuestro cerebro fue hecho para aprender: cómo comunicarnos, cómo sobrevivir, cómo vivir en un planeta tan complicado. La manera en que aprendemos en la escuela puede transformar nuestras vidas, y el ejercicio que le obligamos a hacer a nuestro cerebro durante ese proceso lo hace más fuerte, más listo y más adaptable a nuevas situaciones.

Aprender deportes, comprender la información que recibimos de los medios y hacer actividades que nos provocan alegría a nosotras mismas y a quienes nos rodean son buenos ejemplos de la increíble singularidad de los seres humanos. Somos seres nacidos para aprender, y también somos creativos. El adquirir buenos hábitos en la escuela, las sabias decisiones sobre cómo pasar tu tiempo libre y el poder aprender nuevas formas de mantener tus manos y mente ocupadas son las cosas que te ayudarán a convertirte en una persona completa, lista para hacer frente a lo que sea que la vida te depare a continuación.

Cuatro

CÓMO AMAMOS

Una de las cosas más fascinantes de los seres humanos es que podemos relacionarnos con otras personas. Piénsalo por un instante: hay cientos de miles de animales en el planeta, pero solo nosotros logramos tener relaciones complejas y significativas con los demás.

Somos mamíferos, y los lazos más fuertes los formamos con otros mamíferos. En el caso de los *Homo sapiens* (¡esos seríamos nosotros!), las relaciones se definen por intimidad. Nos relacionamos íntimamente con nuestros padres, hermanos y otros miembros de la familia, así como también con amigos y parejas.

Ahora bien, cuando lees la palabra *intimidad* podrías pensar que se refiere al tipo de relación que tendrías con un novio o una novia, un esposo o una esposa; sin embargo, este término hace referencia a una relación de extrema cercanía en la cual compartimos aspectos de nosotros mismos con una determinada persona, y no con otra. Y es por eso que nos volvemos vulnerables frente a esa persona. Este tipo de relaciones nos permiten conocernos más a nosotras mismas, nos desafían a ser pacientes, demostrativas y compasivas, y a apreciar el punto de vista de los demás. Intimidad es tener la capacidad de involucrarse con otras personas de manera enriquecedora.

ACERQUÉMONOS: FAMILIA Y AMIGOS

Las primeras relaciones que entablamos en la vida son con quienes nos cuidan; es decir, en la mayoría de los casos, con papá y mamá. Algunos bebés también son criados con ayuda de los abuelos, hermanos mayores u otros miembros de la familia, o una niñera. No importa quién cambie tus pañales, te dé de comer o te ayude con el baño, las personas con las que nos ponemos en contacto durante la infancia serán con las que iniciemos nuestra primera y más importante relación.

Aunque es probable que no recordemos los primeros meses, e incluso los primeros años de nuestras vidas, la manera en que las personas nos hablaron, nos sostuvieron y cómo velaron por nuestras necesidades habrá hecho una gran diferencia cuando seamos más grandes. El bebé sabe que quienes lo están cuidando entienden qué significa su llanto, y necesita confiar en que acudirán a él cuando pida ayuda. A veces, su llanto puede significar: *"¡Tengo hambre!"* o *"¡Mi pañal está mojado y flojo!"*. Pero otras veces está diciendo: *"Me siento solo, ¡abrázame!"*. Así que, incluso de bebés, los seres humanos estamos genéticamente programados para querer ser comprendidos y tenemos un sentido innato de confianza hacia las personas que nos están cuidando. Esa es la base de una buena relación, ¡y comienza cuando somos tan pequeños que ni siquiera lo recordamos!

A medida que crecemos, mantenemos esa relación tan especial con aquellas personas que nos siguen garantizando el alimento, la ropa y un lugar donde vivir, que nos ayudan a crecer y a aprender cosas nuevas, y que se divierten con nosotros. Para la mayoría, nuestros padres, hermanos y familiares cercanos son con quienes tenemos las relaciones más importantes durante la niñez. Luego, comenzamos a ir a la escuela y nos hacemos amigas de chicos de nuestra edad, y nos damos cuenta de que preferimos relacionarnos con los que comparten nuestros mismos intereses. Nos gusta conversar sobre los temas que tenemos en común, y empezamos a abrirnos y a hablar de nuestros sueños, esperanzas e incluso de nuestros miedos. Estas también son relaciones profundas y significativas. Esto también es intimidad.

Una de las relaciones más cercanas que existe en la vida es la del mejor amigo. Un mejor amigo es la persona con la que solemos tener más afinidad, con quien compartimos mucho y a quien le podemos contar todo. Es quien nos ayuda a transitar los momentos más emocionantes y desafiantes de estar vivos. En la adolescencia, nos resulta cada vez más claro saber en quiénes podemos confiar, y nuestra idea de qué es lo que tiene que tener un "mejor amigo" puede llegar a cambiar un poco con el tiempo. Es absolutamente normal, y es importante recordar que la gente llega a nuestras vidas para ayudarnos a transitarla, pero puede que no cumplan el mismo rol por siempre. Un mejor amigo debería ser alguien a quien pudiéramos confiarle información privada, alguien que sabe bien qué nos interesa y con quien compartimos valores. Los mejores amigos se apoyan mutuamente y no hace falta que siempre estén de acuerdo en todo. Tener un mejor amigo es maravilloso, pero si eso no sucede, también está bien. Existen muchas maneras de mantener una buena relación y contar con el apoyo de alguien, incluso si todo eso lo repartes entre varios amigos, en lugar de reunirlo en una sola persona.

¿Amiga o enemiga?

A veces la amistad se vuelve un poco confusa. Nuestra confianza podría verse alterada y comenzamos a cuestionarnos si en verdad le importamos a esa persona. Estas son algunas de las preguntas que probablemente te surjan en algún momento. Hay señales de advertencia que podrían indicar que esa amistad está necesitando ayuda. Si tu respuesta es "sí" a la mayoría de estas preguntas, entonces deberías redefinir esa relación para evitar salir herida.

- ¿Tu amiga le cuenta a otras personas cosas sobre ti que le habías pedido que mantuviera en secreto?

- ¿Tienes una amiga que por momentos se ve más interesada en las cosas que tienes y no tanto en lo que tú puedes aportar a la relación? Me refiero a querer usar tu ropa, o tus nuevos auriculares, o usar la piscina de tu casa...

- ¿Sientes que actúa de una manera cuando están las dos solas, pero se comporta diferente cuando hay más gente alrededor?

- ¿Ha intentado presionarte para que hagas cosas que no quieres hacer, como fumar, drogarte, beber alcohol u otras cosas igual de nocivas?

- ¿Te amenaza con poner fin a su amistad si no accedes a hacer lo mismo que hace ella?

- ¿Se burla de otras personas y asume que le seguirás la corriente, incluso cuando en verdad tú consideras que lo que está haciendo está mal?

- ¿Se la pasa hablándote de los planes que ha hecho con otros amigos y de los que tú no formas parte, solo para hacerte sentir celosa?

- ¿Te sientes extraña o mal luego de pasar el rato con ella, pero no puedes descifrar el motivo?

Si algo de todo esto te resulta familiar, tal vez quieras hablar con un adulto de confianza sobre todos los tipos de relaciones que son más sanas y que podrían ayudarte a sacar lo mejor de ti.

Las relaciones cambian a lo largo de la vida. Por ejemplo, mi hermano y yo solíamos hacer muchas cosas juntos cuando éramos pequeños, pero luego crecimos y sus intereses se alejaron de los míos, teníamos menos momentos de conexión y más de esos en los que solo éramos dos hermanos de una misma familia, algo que es absolutamente normal y no está mal que suceda. Yo también solía tener una relación excelente con mi mamá y mi papá cuando era niña, pero luego hice amigos nuevos y descubrí otras cosas que disfrutaba hacer, y entonces empecé a pasar más tiempo en mi habitación leyendo y jugando con amigas. ¡Y eso también es normal!

Los vínculos afectivos van cambiando con el tiempo, y lo más maravilloso en esas relaciones tan íntimas con la familia y los amigos es que siempre hay un núcleo sólido de conexión al que se puede volver. En los últimos años, hubo momentos en los que necesité a mi hermano casi más de lo que lo necesitaba cuando éramos niños, aunque ya no tuviéramos una relación tan cercana o intensa. Ahora como adultos podemos recurrir a nuestra conexión de distintas maneras, pero igual de significativas.

La sensación de intimidad que sentimos con la familia y los amigos es valiosa y especial. Es la base para todas las relaciones que tendremos más adelante con las personas que vayamos a conocer a medida que crecemos. Algunas de esas personas pasarán a formar parte de un tipo de relación íntima diferente: la romántica.

VOLVÁMONOS MÁS ÍNTIMOS: EL ROMANCE

Escribir esta sección del libro hizo que me sonrojara varias veces porque, a pesar de ser una mujer adulta, el romance me resulta un tema un tanto peculiar a la hora de abordarlo. Recuerdo haberme enamorado de muchos chicos en mi adolescencia. Y, como adulta, me sigue pasando —es parte del ser humano, sin importar la edad. Con el enamoramiento tienes una extraña sensación en el estómago y te pones nerviosa cuando estás cerca de la persona que te gusta. Es una de las maneras que tienen nuestro cuerpo y cerebro de empezar a acostumbrarnos a la idea de que alguien nos gusta mucho y que tal vez quisiéramos tener algo más íntimo con esa persona. El enamoramiento puede surgir cuando creemos que alguien es lindo, gracioso o divertido, y también es la primerísima etapa de la intimidad romántica, que es lo que sucede si ese sentimiento crece y se convierte en una relación de noviazgo, y todo lo que eso puede implicar.

Mucho de lo que experimentas en estas ocasiones surge de tu cerebro y de tu cuerpo. Al enamorarnos, el cerebro descarga químicos y los esparce por todo el cuerpo, ¡y esas sensaciones pueden ser muy intensas! Y si es la primera vez que las experimentas, pueden parecerte ¡realmente alarmantes!

Cuando te enamoras de alguien, es probable que te pongas nerviosa si esa persona se acerca a ti. Además, puedes experimentar algunas de estas cosas:

- Transpiras, especialmente en las manos y las axilas.

- Sientes la boca seca.

- Te sonrojas, y tus labios podrían sentirse más cálidos o verse más rosados.

- Tu corazón late más fuerte, a veces tanto que crees que se saldrá de tu pecho.

- Te sientes desorientada, como si no supieras qué está sucediendo, o como si no existiera nada ni nadie más a tu alrededor, a excepción de "esa persona", claro.

- Dificultad para encontrar las palabras adecuadas… Tartamudeo, o incluso hasta una especie de balbuceo.

Todas las anteriores son respuestas normales cuando te sientes atraída por alguien. Y el responsable es tu sistema nervioso, que le está enviando información a tu cuerpo para avisarle que hay algún tipo de excitación. Cuando esto sucede, la adrenalina (una hormona) sale disparada desde el cerebro para aumentar el flujo de sangre y la velocidad con que late tu corazón: y este es el motivo por el cual te sonrojas, tus pulsaciones se aceleran y sudas. El cerebro experimenta entonces una especie de sobrecarga, pues hay mucha excitación sucediendo al mismo tiempo. Si estamos demasiado concentradas en *esos ojos claros* o en *lo lindo que le quedan esas pecas*, nuestro cerebro no lo va pasar bien cuando al mismo tiempo tenga que resolver fracciones múltiples o recordar alguna fecha histórica. Puedes sentirte desorientada, y eso es porque tu cerebro está bajo el control de tus sentimientos… así es como funciona. Y así es como la Madre Naturaleza lo ha diseñado y planeado para todos nosotros por igual.

PREPÁRATE PARA LAS HORMONAS

Cuando alguien nos gusta mucho o creemos que es muy atractivo, nuestro cerebro libera un grupo de hormonas especiales que provocan una agradable sensación en todo el cuerpo. Y son estas hormonas las que hacen que queramos pasar más tiempo con esa persona para poder experimentar más de esa sensación. ¡Esta es la primera de las razones para querer estar con alguien que nos gusta!

La serotonina es la hormona responsable de hacernos sentir así de bien; y esa sensación de "flotar entre las nubes" se debe en parte a ella. Si alguna vez te has enamorado, sabes de lo que estoy hablando.

La oxitocina es la hormona que hace que tu estómago dé un vuelco cuando ves a la persona que te gusta. También actúa en partes del cuerpo que están relacionadas con el proceso biológico de las relaciones románticas. Así que sentir esa sensación de "calor" en tu pecho y en tu zona genital suele formar parte del sentirse atraída por alguien. No sucede *siempre*, pero es muy común.

Por último, mencionaré a la dopamina, que se libera cuando una persona siente una fuerte necesidad de estar con alguien y tiene la oportunidad de hacerlo. Se la conoce como "hormona de recompensa", porque es el modo que tiene el cuerpo de recompensarnos con buenas sensaciones por estar haciendo algo por lo cual estuvimos luchando. Es una hormona especial porque tiene una cualidad adictiva: una vez que la probemos, querremos sentir una avalancha de dopamina otra vez. ¡Ella será la culpable de que queramos ver a esa persona especial una y otra y otra vez!

SENSACIONES MAGNÉTICAS: LA ATRACCIÓN

¿Cómo sabemos quién nos parecerá atractivo? ¿Podemos prepararnos para eso? ¿Cómo?

Vamos a dar un paso atrás y salirnos de la idea del romance para pensar en qué es lo que hace que una persona nos resulte atractiva.

¿Qué te resulta a *ti* atractivo?

Durante mi adolescencia, la mayoría de mis amigas sabían que a mí me gustaban los chicos atléticos, altos y musculosos (bueno, ¡o al menos tan musculoso como un chico de 14 años puede serlo!). El cabello rubio estaba de moda, y a muchas chicas les gustaban los muchachos bronceados, que cuidaban de su apariencia y usaban colonia. La primera vez que me gustó un chico fue en octavo grado. Era bastante escuálido y pálido, tenía 13 años y pelo negro desaliñado y a medio afeitar, y es muy probable que no se mirara al espejo todos los días ni usara colonia. Su nombre era Mischa, le gustaba el *punk rock* y siempre vestía una chaqueta de cuero. Escribí poemas en su honor, le junté flores y por varios años me senté a pocos metros de él durante los almuerzos… Y lo hacía esperando que me notara. Dudo que alguna vez lo haya hecho.

Aunque Mischa actuaba y lucía muy diferente a lo que la mayoría de las chicas consideraban un chico "atractivo", para mí era obvio, y creía que el sol salía y volvía a ponerse en sus ojos verdes. Era muy inteligente, gracioso, y acostumbraba hacer lo que se le daba la gana sin importarle la opinión de los demás; y yo sentía que eso era fabuloso.

Cuento esta historia sobre Mischa para ilustrar un punto importante: la atracción es algo totalmente variable. Claro, hay algunos detalles que son universalmente compartidos, pero también hay variaciones dependiendo del país en el que vives, o las tradiciones religiosas y el pasado cultural que traes contigo, y lo que ves en la televisión y en las películas. Así como todos tenemos un color favorito diferente, también pensamos distinto a la hora de decidir qué nos parece interesante o atractivo en otras personas.

Además, lo que es considerado atractivo en Estados Unidos, por ejemplo, puede no serlo en Latinoamérica, África, China o la Polinesia. Las mujeres con cuerpos más redondeados son celebradas en muchos lugares del mundo, mientras que en mi país las imágenes que abundan en los medios nos hacen sentir que jamás seremos lo suficientemente delgadas, incluso cuando serlo podría resultar hasta peligroso.

Entonces, no hay reglas para esto. Y a veces ni siquiera podemos descifrar por qué sentimos que se nos salen los ojos cuando vemos a la persona que nos gusta. Algunos creen que la personalidad es más importante que la belleza; y también puede suceder que algo que hoy encontramos atractivo deje de serlo un año más tarde. La noción de qué hace a las personas atractivas no tiene que ver con cómo reaccionan nuestros genitales. Es muchísimo más complejo que eso. Puede que un chico inteligente y con gran sentido del humor remueva algo en nuestra alma, haciendo que queramos estar cerca de él todo el tiempo, sin importarnos cómo se vea. Y otras veces puede que nos sintamos atraídas por un chico muy lindo físicamente, pero luego descubrimos que es cruel o mezquino, o que no tiene modales, y de repente eso que nos resultaba atractivo ya no nos importa. Gracias a Dios no hay reglas sobre todo esto, porque aunque nadie haya entendido mi afección por

Mischa, fue un momento especial en mi vida en el que tuve sentimientos y sensaciones muy agradables gracias a eso. Hoy me siento afortunada de no haber dejado que las opiniones de los demás me afectaran.

LAS CITAS

Ahora que entendemos un poco mejor lo que es la atracción y qué ocurre en el cuerpo y el cerebro, hablemos sobre aquello que sucede luego de que descubrimos que nos sentimos atraídas por alguien. En la mayoría de las culturas, el siguiente paso sería un noviazgo, lo que puede significar cosas diferentes según cada persona y según dónde vives y tu entorno familiar.

Estar de novia generalmente significa pasar tiempo con la persona que te gusta; pero durante siglos en la historia de la humanidad, el amor o la atracción entre dos personas no era un requerimiento para comenzar un noviazgo. Seguramente te sonará extraño, pero los padres solían arreglar el matrimonio de sus hijos haciendo acuerdos entre las dos familias. Muchas veces, los matrimonios no eran más que acuerdos comerciales entre dos padres. Las mujeres eran tratadas como propiedad y nadie escuchaba lo que ellas tenían para decir sobre con quién querían casarse y con quién no. Existen muchas comunidades en el mundo donde los matrimonios arreglados todavía son una manera de formar parejas. Además, durante décadas y décadas, los hombres tenían permitido tener más de una esposa; y aún hoy día hay lugares donde esto no ha cambiado, como por ejemplo, en algunos países del Medio Oriente, Asia, África y Australia.

Solemos conocer a nuestras potenciales parejas en la escuela, realizando actividades extracurriculares o incluso durante salidas con amigos. En mi adolescencia, yo pasaba horas y horas en los centros comerciales, salones de videojuegos y en las casas de mis amigas charlando con todos los chicos que me gustaban. Pero eso ha cambiado muchísimo desde entonces. Gracias a los *smartphones* y a las redes sociales, estar con alguien también puede implicar "seguirse" en Instagram, mandarse mensajes de texto, dar muchos "me gusta" y comentar lo que sea que se publique en línea. Puedes conocer mucho sobre una persona a partir de su perfil en las redes sociales, algo que no sucedía en mi época. Por lo general eso es algo positivo, pero también trae algunos desafíos.

Aunque tus padres hoy puedan parecer unos dinosaurios, hace unos 30 años ellos tuvieron la edad que tienes tú ahora. Y, si consideramos que el *Homo sapiens* ha estado dando vueltas en este mundo por unos 200.000 años, 30 años no es mucho tiempo. El problema es que hablar de este tema es difícil por el hecho de que el concepto varía constantemente. Ha habido demasiados cambios entre el tiempo en que tus padres comenzaron a salir y el presente. Aquí tienes un resumen de cómo se llegaba antes a un noviazgo y cómo es ahora, con especial énfasis en sacarles provecho a los cambios positivos y aprender a pilotear los problemáticos.

Gusto en conocerte

Antes: Se solía salir con gente de tus círculos sociales: chicos que conocías de la escuela o de eventos religiosos a los que asistías con tu familia, o que formaban parte de equipos deportivos o clubes a los que pertenecías. Si conocías a un chico, lo más probable era que tus padres o alguien de tu círculo de amigos ya lo conocieran también.

Ahora: ¡Existen tantas maneras de conocer gente! Además de la escuela o las actividades extracurriculares, puedes conocer gente *online*. Las plataformas de redes sociales y los foros son espacios virtuales de interacción, un mundo entero de comunidades en línea donde la gente se conecta y también se encuentra.

Precaución: Conocer gente en la web puede ser una forma de expandir el círculo de personas que conoces y con las que podrías salir, pero recuerda que lo que muchos dicen para presentarse no siempre es verdad. En algunos casos, mienten sobre su identidad, su edad y su vida en general, o inventan aspectos sobre sí mismos para que te intereses por ellos. Pueden hacernos creer que los conocemos bien, cuando en realidad no es así. ¡Es la naturaleza de la bestia virtual!

Cómo actuar con inteligencia: Si conoces a alguien en línea, el mejor modo de saber si esa persona es alguien con quien potencialmente podrías tener una cita o incluso una amistad, es poder conocerla en persona. Pero asegúrate de ir acompañada de un adulto responsable. Jamás te encuentres con alguien que conociste en línea sin la presencia de un adulto. En ese primer encuentro, podrás verificar si ese chico era real o se trataba de una persona malintencionada. Si alguien te pidiera que guardes el secreto sobre el encuentro, también evítalo. Una persona con malas intenciones te pedirá que les ocultes cosas a tu familia y amigos, y definitivamente es alguien en quien no debes confiar.

Cortejo: ¿qué es eso?

Antes: *Cortejo* es una palabra antigua para referirse a dos personas que salen en una cita para conocerse mejor. Esta versión de la vieja escuela te sonará a una telenovela ambientada en los años '50: el muchacho que llega a la casa de una jovencita con un ramo de flores y se sienta a charlar con su padre, mientras ella termina de alistarse. La idea es que el chico impresione a la chica y también a su familia, y la cita es un plan elaborado para demostrar que tiene buenas intenciones y que desea pasar más tiempo con ella, dando lugar a la posibilidad de que algún día, más adelante, vuelva a hablar con el padre para pedirle la mano de su hija.

Si bien puede parecerte anticuado —y hasta absurdo— que el chico necesite de la aprobación del padre de la chica para que puedan salir juntos, hay algo tierno en esta cuestión del cortejo: lleva un tiempo conocer a alguien. Lleva tiempo ver qué se siente estando juntos en caso de estar interesados en una relación más seria. Lleva tiempo que haya confianza entre los dos, para luego permitir que el otro conozca más de ti y eventualmente dar lugar a una relación íntima o romántica que pueda incluir tomarse de las manos, besarse y, sí, en algún momento, tener sexo. Además, este tipo de cortejo muestra que es importante que tu familia conozca a la persona con la que estás saliendo, y que puedan compartir aunque sea algo de esa experiencia todos juntos.

Ahora: Esta área es completamente diferente. Aunque aún existen lugares en el mundo donde el chico pasa a buscar a la chica por su casa y se presenta ante sus padres, la mayor parte del cortejo no se parece en nada al del pasado. Ahora solo consiste en hablar muy poco, escribirse mensajes de texto y enviarse fotos. Si bien muchos piensan que el antiguo cortejo ya no sirve de trampolín hacia una relación seria, al menos debería conservarse por diversión.

Precaución: Lo que puede resultar problemático sobre la pérdida del cortejo es creer que podemos y debemos confiar en las personas antes de saber algo más sobre ellas. Estas personas podrían estar diciendo solo lo que queremos oír, y no tenemos idea de si cumplirán o no con lo que prometen ser, ya que en realidad no tuvieron que esforzarse ni usar su tiempo para demostrar que son confiables, fieles u honestos. Muchas veces será confuso saber en quién confiar y en quién no.

Además, algo que hoy forma parte de este proceso, y que nunca antes había existido, es el hábito de enviarle fotos de ti misma a la persona que te gusta. Esto suena completamente normal e inocente, e irás creciendo y es probable que eso de compartir una foto *sexy* pueda parecerte una buena idea. Después de todo, vemos a tantas celebridades subiendo imágenes en las redes sociales, donde se las ve en ropa interior, usando novedosos trajes de baño y ¡hasta desnudas! No me extraña que muchas jóvenes hayan comenzado a hacer lo mismo para intentar agradarle al chico que les gusta.

El problema de enviar este tipo de fotos —lo mismo que mantener conversaciones *hot*— es que estas podrían permanecer por siempre en el teléfono de esa persona, y existe la posibilidad de que nunca las elimine, aunque tú se lo pidas. O, mucho peor, podrían terminar siendo compartidas dentro de un grupo de personas que tú no esperabas que las vieran. Esto puede ser incómodo y, en algunos casos, la gente podría tomarte de punto, burlarse de ti o incluso iniciar rumores que podrían ser difíciles de desterrar. Hasta podrías meterte en líos legales, si la persona utilizara esas imágenes en formas que tú ni te imaginabas. La noción de ser más "recatada" podrá parecerte anticuada, pero cada vez más mujeres acuden a este concepto y conservan más su privacidad a la hora de salir con alguien, incluso hasta para elegir la ropa que se pondrán. (¡Lee el recuadro a continuación para saber más sobre esto!)

Cómo actuar con inteligencia: Cuanto más tiempo pasas con alguien en vivo y en directo (y no solo enviándote mensajes), más fácil es saber si realmente te gusta estar con esa persona. Una relación en la que compartes fotos y coqueteas puede resultar divertida, claro; pero querrás asegurarte de que también pasan juntos el tiempo suficiente como para ver cómo se sienten. Por otra parte, algunos aspectos de este anticuado cortejo tal vez te resulten agradables. Puede mostrarte que mereces que alguien te dedique su tiempo y su respeto, por ejemplo. En realidad ese es un aspecto muy importante en esta etapa y lo será para ambas personas involucradas. Asegúrate de que las relaciones que vayas a tener sean con personas con las que te guste pasar el tiempo y a las que puedas confiar tus sentimientos. Es mejor saber de antemano quién querrá esforzarse.

Ser recatada

Muchos asocian este concepto a una manera de vestir, y entienden por ropa "recatada" a las camisas de cuello alto y faldas largas, características de las mujeres muy religiosas. En realidad, el concepto es mucho más amplio, y significa que te reservarás algunas cosas para ti misma como algo privado y especial, ya sea en cuanto a la vestimenta como al modo de actuar.

Wendy Shalit escribió un libro muy bueno llamado *A Return to Modesty* y allí describe cómo muchas chicas están comenzando a cambiar su manera de pensar respecto de lo que la sociedad actual espera de nosotras. La idea de que mostrar tu lado femenino solo funcionará si usas minifaldas y te pones toneladas de maquillaje podría no resultar para todas igual. Wendy habla de campañas lideradas por jóvenes que quieren lograr que las tiendas de ropa vendan más prendas para las chicas que no quieren usar pantaloncitos súper cortos o tops todo el tiempo. También es interesante cuando habla sobre la manera en que compartimos nuestra vida en Internet y cómo eso puede tener un impacto negativo en nuestra reputación e incluso en nuestras decisiones futuras. Si eres una chica a la que le gusta usar ropa más recatada y no quiere compartir todo en Internet, ¡enhorabuena! Hay lugar para todos los estilos.

Hablemos de s-e-x-o

En el capítulo *Uno*, estuvimos viendo cómo funciona el cuerpo de la mujer, cómo nuestros ovarios producen un óvulo cada mes y cómo ese óvulo puede encontrarse con un espermatozoide, ser fecundado y convertirse en un bebé. Bien, se denomina *excitación* a un estado de agitación física experimentado por ambos sexos. Cuando una mujer se excita, sus pezones suelen endurecerse un poco, y hay más sangre que fluye en el área de su vagina, en especial en el clítoris. Cuando el hombre se excita, su pene se llena de sangre y se endurece, y a eso se le llama *erección*. El pene erecto se introduce en la vagina y liberará el semen en un acto llamado *eyaculación*. El semen llega a la parte más alta de la vagina, cerca de donde se encuentra el útero, en un punto denominado *cérvix* (echa un vistazo a la imagen en la página 24). La eyaculación produce millones de espermatozoides (son muy pequeñitos; todos cabrían en una cuchara de té), y su objetivo es hallar un óvulo y fecundarlo. Cuando esto sucede, el óvulo fecundado intentará implantarse en el útero para comenzar a desarrollarse y convertirse, dentro de unos 9 meses, en un bebé.

El proceso es fantástico, y saber que puedes crear vida dentro de tu propio cuerpo es emocionante e increíble a la vez. Sin embargo, tener un bebé es una enorme responsabilidad y se necesita tiempo, madurez y muchos recursos económicos y emocionales para ser madre.

Hablemos de cómo se comporta la gente a la hora de hablar de sexo y cómo puedes tú prepararte para un día decidir el modo en que quieres manejar este tema y todo lo que conlleva.

Antes: Históricamente, ya sea por la religión, el mandato cultural u otros motivos, las personas esperaban a estar casados para tener sexo; y para las generaciones de tus abuelos y tus bisabuelos, eso también era muy común. La idea de que tu cuerpo es un sitio sagrado puede parecerte algo extraña ahora; pero durante muchísimos años, tener relaciones sexuales antes de contraer matrimonio era mal visto por muchas comunidades en todo el mundo. Claro que siempre ha habido personas que fueron sexualmente activas antes del matrimonio, pero una de las razones principales por la cual el acto sexual había sido reservado para después de casarse es el simple hecho de que existen altas probabilidades de que la mujer quede embarazada al tener sexo. No es más que un hecho biológico. Hasta hace poco tiempo, los ciclos de reproducción femenina determinaban numerosos aspectos de nuestras vidas, así que el sexo era visto solo como un modo de hacer bebés —lo que muchas culturas esperan que solo se haga dentro del contexto del matrimonio, para que la mujer tenga a alguien que la mantenga mientras ella cuida de sus hijos. En muchas religiones y culturas el sexo es visto como algo "prohibido", especialmente porque podría pasar que la mujer quede embarazada sin haber contraído matrimonio primero. Para algunas religiones, como el Catolicismo y algunas religiones orientales, los líderes de la fe toman votos de celibato (prometen no tener sexo), y esto lo deben mantener durante buena parte de sus vidas o para siempre, pues consideran el sexo como una potencial distracción.

Ahora: Aunque muchas personas sigan considerando que las relaciones sexuales deberían reservarse solo para el matrimonio, en los últimos 60 años ha habido un verdadero cambio en nuestras sociedades respecto de cómo las mujeres nos vemos a nosotras mismas y cómo nos comportamos sexualmente. Hay muchas razones para este gran cambio, y una de ellas es que en 1960 apareció en el mercado una píldora anticonceptiva (a la que llamaremos "la píldora"), que evita que la mujer ovule, dándole así la posibilidad de controlar cuándo quedar embarazada... y cuándo no. La píldora modificó el mundo de formas que aún estamos aprendiendo a comprender. Desde la década del 60 y luego de lo que fue conocido como "la revolución sexual", la idea de "esperar hasta después del matrimonio" cambió radicalmente para muchas mujeres.

Del mismo modo, es probable que muchas chicas (ustedes, por ejemplo, que están leyendo este libro) se sientan cómodas con cosas que las niñas y jovencitas de hace unos 15 años no estaban a gusto. Algunas de las que hoy son madres se preguntaban si besarse era "apropiado" en una primera cita; y ahora estoy segura de que ya sabes que los besos pueden venir incluso antes de que decidas tener un novio. El besarse es algo que sucede incluso entre personas que no tienen interés en un noviazgo. Muchos se toman el tener sexo a la ligera, y algunos hasta te recomiendan que lo hagas simplemente porque se siente bien.

Precaución: Sería muy incómodo si yo te dijera: *"¡No andes besando a gente que apenas conoces!"* o *"¡Conoce bien a la persona antes de permitir que te bese!"* o *"¡No tengas sexo hasta que sea una relación más formal!"*. Eso no tendrá sentido para muchos, y lo entiendo. Lo cierto es que, cada vez que entras en contacto físico con alguien —ya sea a través de un beso, del tacto o de las relaciones sexuales—, te estás abriendo a la historia de con quienes ya ha estado antes esa persona. Incluso cuando son solo besos y lo que haces es compartir fluidos —¡eso es lo que pasa cuando nos besamos!—, nuestros cuerpos tienen sus formas de reaccionar.

A la hora de tener relaciones sexuales con alguien, o incluso si solo se besan, hay algo que debes tener en cuenta. No estoy diciendo que por besar a una persona vayas a enfermarte, pero es importante que sepas lo siguiente: tener sexo implica compartir partes de ti que pueden verse afectadas físicamente, y muchas veces puede ser algo serio, porque estar en contacto con los genitales de otra persona, o el hecho de intercambiar fluidos corporales ya sea a través del beso, el sexo oral o la penetración, es una experiencia por demás significativa para tu cuerpo. Un buen ejemplo es el siguiente: si alguien besa a una persona que tiene un resfrío y luego te besa a ti, es probable que tú termines pescándote un resfrío también. Cada vez que los labios de una persona se acercan a cualquiera de tus membranas mucosas (es decir, cualquier orificio de tu cuerpo), tu cuerpo podría absorber los gérmenes de esa persona y los gérmenes que esa persona obtuvo de otras personas también, y ya quedarían dentro de tu organismo.

Muchas de nosotras crecemos sabiendo que el encuentro sexual es también una experiencia emocional. Pero si prestas atención a cómo tratan el tema ciertos videos musicales, programas de televisión y películas, pareciera que no es gran cosa. A veces se representa a las mujeres un tanto agresivas en las situaciones sexuales, y se ha vuelto cada vez más común que los medios muestren cómo las mujeres le restan emocionalidad al acto sexual. Lo cierto es que el sexo tiene un gran impacto en los humanos, y en especial en las mujeres. ¿Recuerdas esas hormonas que mencionamos en los capítulos anteriores? Todas ellas se sobrecargan cuando tenemos sexo. Ser una persona sexual es bueno y es agradable, y definitivamente trae cambios a una relación. Los jóvenes no están necesariamente preparados para manejar algunas de las sensaciones que experimentamos cuando tenemos sexo. A veces sentimos culpa, otras veces podemos sentir que no era como lo esperábamos, y a veces hasta podemos sentir que la otra persona no nos trató del modo que nos hubiera gustado.

Es importante reconocer que tener sexo es algo especial y sí es una gran cosa. El sexo es importante, y la mayoría de las personas con las que puedas llegar a hablar y que tengan experiencia en la vida te dirán que el sexo es mejor cuando las personas están emocionalmente conectadas. Todo lo contario a considerarlo como un simple acto físico, solo porque tienes ganas de hacerlo en ese momento, o porque crees que todos los demás lo están haciendo y tú también deberías.

Al mismo tiempo, y a pesar de que el sexo es muy importante, no tienes por qué temerle. Aunque muchas religiones tienen fuertes críticas al respecto, y aunque muchos padres se tomen la idea de la actividad sexual de sus hijas muy seriamente (¡y así debería ser!), el sexo no es un demonio. Puede ser una manera hermosa de conectarte con otra persona; y puedo decirte a través de mi propia experiencia que el sexo más sentido y fascinante viene cuando te encuentras en una relación fuerte y sana, en la que hay mucha confianza, existe comunicación sobre las necesidades del otro, y también mucha dulzura y diversión.

Cómo actuar con inteligencia: Debo decirte que tu cuerpo es asombroso. Está hecho para que te sientas bien, y también fue hecho para hacer bebés si es eso lo que quieres algún día. Mereces sentirte bien y también a salvo. Tú decides quién te toca, dónde y cuándo, y ninguna chica debería sentirse mal tampoco por no querer ser tocada. Si alguien intenta presionarte y apurarte para que hagas cosas para las que aún no estás preparada, evita a esa persona; y habla con un adulto de confianza si es que esa persona sigue insistiéndote y no te deja en paz. La sexualidad es algo muy personal, y eres tú quien decide qué quieres hacer y qué no y también el cuándo y el cómo.

Consentimiento

El consentimiento es tu derecho a controlar tu propio cuerpo. Sin excepciones, nadie tiene derecho a pensar que puede tocarte, besarte o tener sexo contigo si tú no quieres hacerlo. La idea de consentimiento no tiene nada que ver con la ropa que usas, la forma en que coqueteas con alguien o si aceptas una invitación a cenar. *Consentimiento* significa que le estás dando permiso a una persona para hacer algo. En el sexo, ambas personas deben estar de acuerdo; y si en algún momento de tu cita cambiaras de opinión respecto de hasta dónde quieres llegar, eso también está bien. Tienes derecho a cambiar de opinión, y debe ser respetado. Si alguien se opone a tus límites, es muy importante que abandones la situación de inmediato, incluso si crees que estás hiriendo sus sentimientos o si te preocupa que pueda hacer correr rumores sobre ti después de ese momento. Muchos de los mensajes que nos llegan a través de la música y de la televisión nos dicen que es trabajo de la mujer complacer al hombre, y no es así en absoluto. Nuestro trabajo es hacer cosas que nos hagan felices y protegernos de experiencias para las que no estamos preparadas ni interesadas. "No" siempre significa "no", sin excepciones. Cuando estás en una cita, una buena regla es evitar situaciones donde haya alcohol (que puede confundirte a la hora de tomar una decisión). Y otra buena regla es saber de antemano que alguien te llevará de vuelta a casa. Antes de una cita, entonces, planea con anticipación y estate preparada. Y recuerda que eres tú quien controla tu cuerpo y tus decisiones.

Si alguien está abusando de ti, no dudes en pedir ayuda de inmediato a alguien de confianza.

Si decides que quieres comenzar a ser sexualmente activa, debes saber que el condón debe usarse siempre que exista la posibilidad de que un fluido pueda ingresar en tu cuerpo a través de los genitales de otra persona. Los condones evitarán que contraigas enfermedades que se transmiten sexualmente. Es muy importante que conozcas las maneras que existen de evitar embarazos y enfermedades de transmisión sexual. Puedes hablar con tu médico, tus padres o cualquier otro adulto responsable en el que confíes. Hay enfermedades que puedes contraer a partir de una relación sexual y que jamás desaparecen, incluso pueden afectar tu capacidad para tener bebés más adelante. Es realmente atemorizante, y ser cuidadosa a la hora de decidir con quién tendrás sexo también es crucial. Como ya he dicho antes, las personas que conoces a través de Internet y sobre las que no tienes mucha información no son personas de confiar solo porque ellas te aseguran que lo son. Tomar decisiones inteligentes hoy tendrá un efecto por el resto de tu vida.

En lo que respecta al embarazo, estoy segura de que ninguna chica tiene en sus planes embarazarse cuando decide tener sexo durante la escuela secundaria. Pero esta es la realidad: *es justamente el sexo lo que hace que quedes embarazada*. Los condones son muy efectivos para evitar el embarazo si se utilizan como corresponde. Existen también otros métodos anticonceptivos, y hay ventajas y desventajas para todos ellos. Cuidado, porque algunas personas te dirán que no es posible quedar embarazada si la relación sexual no dura mucho tiempo. ¡Eso no es seguro! Si no quieres embarazarte, el mejor modo de evitarlo es no permitir que ingrese nada de semen en tu vagina, pues como ya hemos visto, el semen transporta los espermatozoides que, al encontrarse con tu óvulo, se fecundan y crean un bebé. Así de simple.

Anticonceptivos

La decisión de tener o no tener sexo es muy personal, así como también la decisión sobre cómo evitar quedar embarazada. Debido al modo en que el cuerpo masculino y el femenino funcionan, lo que se trata de evitar es que el óvulo se encuentre con un espermatozoide. Aquí te dejo una lista de los anticonceptivos más comunes. Recuerda siempre que *deben usarse apropiadamente para que funcionen*, y ninguno es 100% efectivo. También ten en cuenta que es probable que el pene libere algo de semen incluso antes de la eyaculación, así que el "retirarse antes de la eyaculación" no es en absoluto un método confiable para evitar un embarazo.

1. **Condones.** Si es usado correctamente, el condón o preservativo es uno de los métodos más confiables, ya que cubre el pene para atrapar el semen y evitar que ingrese en la vagina. La mayoría de ellos son de látex, y es  probable que necesites un lubricante para que el látex no se sienta tan incómodo durante la penetración. Los condones también te protegerán de enfermedades de transmisión sexual, ya que actúan como una barrera entre los dos cuerpos. Esto último es algo que solo los condones pueden brindarte.

2. **La píldora.** Esta debe ser recetada por un médico y, para que funcione, debe tomarse todos los días sin excepción. Está hecha de hormonas que detienen el envío de óvulos desde tus ovarios hasta las trompas de Falopio. Las hormonas que conforman la píldora son muy poderosas, y es posible que tu cuerpo reaccione a través de dolor en las mamas o un aumento de peso, y algunas mujeres hasta sufren cambios repentinos en el humor y durante sus períodos se sienten más emocionales que lo habitual. A veces la píldora también se receta para aquellas chicas que sufren de calambres menstruales

y cambios de humor, pero debes saber que existen muchos métodos para lidiar con estos síntomas sin los efectos secundarios de la píldora. Habla con tu médico o con otra mujer en la que confíes. No tengas miedo de hacer muchas preguntas y siempre toma una decisión con la que te sientas cómoda.

3. **Parches y anillos hormonales.** Los parches son como apósitos, y contienen el mismo tipo de hormonas que la píldora. Hay un momento determinado para colocar y para remover el parche; de lo contrario, no funcionará. Mientras que el anillo se coloca dentro de la vagina y allí se queda. Como en el caso de los tampones, si está bien colocado, ni siquiera lo percibirás. Estos dos métodos tienen menos efectos secundarios que la píldora, por el modo en que las hormonas se esparcen en el cuerpo.

4. **Otros métodos: DIU, inyecciones, esterilización.** Estos métodos son más invasivos y complicados, y no se recomiendan en adolescentes. Muchas mujeres eligen el dispositivo intrauterino (o DIU). Este puede removerse cuando lo desees, aunque el procedimiento debe hacerlo un médico profesional. El DIU interrumpe la posibilidad de que los óvulos y los espermatozoides se junten para crear un embrión; hay algunos que envían hormonas a tu cuerpo, y otros que no. Otro método son las inyecciones hormonales, que detienen la liberación de óvulos. La esterilización es un procedimiento que se realiza solo cuando la mujer está segura y convencida de que no querrá tener más hijos, pues "sella" para siempre las trompas de Falopio para que el óvulo y el espermatozoide jamás puedan encontrarse.

DESARROLLARSE MÁS TARDE

¿Leíste este capítulo y pensaste: *"¿De qué me está hablando?"* o *"¡Qué asco, no quiero hablar de esto todavía!"* o *"No quiero ni pensar en el sexo, ni tampoco está en mis planes comenzar a tener citas"*? Si fue así, ¡está perfecto! Todas maduramos a un ritmo diferente, y la manera en que tú lo hagas es exactamente la correcta para ti.

No sé si yo misma hubiera soportado leer este capítulo cuando tenía tu edad, ¡y seguramente hubiera tenido que esperar incluso a terminar la secundaria para leerlo! Ya lo ves, yo me desarrollé tarde. En realidad, súper tarde.

Era muy bajita, y mi cuerpo no tuvo nada de curvas hasta que cumplí los 16. Mi período menstrual no comenzó hasta mis últimos años de la secundaria. No me interesaba tener citas y, como ya comenté antes, mi primer beso fue mientras actuaba en un programa de televisión, a los 14 años. No tuve un novio de verdad hasta mis 17, y las citas no eran algo frecuente para mí. Jamás me la pasé coqueteando con los muchachos de la escuela, solo tuve noviazgos largos, y creo firmemente que una debe comprometerse a estar en una relación a la vez.

Después de contarte esto, quizás estés pensando que no tengo idea de lo que es tener citas o que no tengo derecho a hablar al respecto. Pero te diré algo: si no lo hice fue porque aún no estaba preparada, y eso está bien. Sinceramente, me asusté mucho cuando aprendí sobre las enfermedades que puedes contraer por estar jugando con fuego y, por otra parte, la mayoría de los chicos de mi edad me resultaban bastante insulsos y aburridos. No me interesaba ninguno de ellos, excepto Mischa, que apenas sabía de mi existencia.

A decir verdad, desarrollarme más tarde resultó ser algo bueno para mí. El hecho de quedarme fuera de muchas bromas y conversaciones porque no podía identificarme en ellas no me afectó mucho en los años que siguieron. No conozco a nadie que por salir con muchos chicos se haya sentido mejor preparada para una relación más seria o incluso para el matrimonio: fue simplemente tomar un camino distinto para llegar al mismo lugar. No hay un camino mejor que el otro, y ninguno te garantiza el éxito en las relaciones amorosas o en la cama. Recuerda eso cuando alguien te diga: *"Si quieres aprender a besar bien, necesitas mucha práctica"*, porque no es verdad. También habrá gente que diga: *"La única manera de ser un buen amante es practicar mucho"*, y eso tampoco es cierto. Ser una buena amante y compañera tiene que ver con estar en contacto con tus sentimientos y tus necesidades, y tratar de cuidar de la persona que quieres y por la que te preocupas. Tú verás si eso llega rápido o no. Si estás con alguien en quien no confías o con quien no te sientes del todo cómoda, esa ya es una señal de que algo no está bien. Desacelera un poco y no te apresures.

Sé que desarrollarme más tarde me salvó de todo el drama y dolores de cabeza que una chica podría sentir en esta etapa, pero las que sí han pasado por eso también pueden aprender muchísimo; y eso también está perfecto. En mi caso, por ser muy sensata y vulnerable, las pocas experiencias en las que intenté que un chico se interesara en mí y quisiera salir conmigo para luego decepcionarme si nada de eso sucedía fueron suficientes para que dejara de intentarlo.

En mi época escolar pasé mucho tiempo estudiando, jugando, escuchando música y escribiendo cartas para mis amigos. Me gustaba leer y escribir poesía. Y, aunque a veces me sentía un poco sola, ahora que miro hacia atrás, me doy cuenta de que pude aprender mucho sobre qué cosas me gustan y qué cosas no, y no lo cambiaría por nada en el mundo. A todas aquellas chicas que, como yo, se desarrollaron tarde o se desarrollarán más tarde de la media, y que tal vez sientan que se están perdiendo de algo, les digo lo siguiente: aunque a veces no parezca, todas avanzamos a nuestro modo y a nuestro tiempo. Y finalmente, llegamos al mismo lugar, y es importante que hagas honor a tu intuición y vayas siempre a tu propio ritmo.

Si sientes que no está bien besar a alguien determinado o salir o tener sexo con esa persona, ¡escucha a tu voz interna! Una vez, cuando tenía 15 años, fui a un baile a cargo de una organización judía, y un muchacho intentó besarme mientras estábamos bailando juntos. Me eché atrás rápidamente y le dije: *"¡No estoy lista para esto!"*. Me sentí terrible por él, porque no fui muy dulce cuando se lo comuniqué. Me sentí una idiota, y me da vergüenza pensar en aquel día; pero a mí me enseñaron que debo respetar mi cuerpo, mi espacio y la decisión de frenarlo si sentía que no estaba lista. Si el hecho de avanzar con alguien ya sea física o sexualmente se siente desagradable, repulsivo o atemorizante, ese es tu cerebro y tu cuerpo diciéndote que sería una idea dar un paso al costado y tomarte un tiempo. Ya verás que luego agradecerás haberlo hecho.

En la comedia *The Big Bang Theory*, interpreto el papel de una muchacha que se desarrolló muy tarde y que jamás tuvo sexo hasta la adultez. Amy, mi personaje, salió con Sheldon durante muchos años antes de que él se animara a besarla por primera vez, ¡y ella jamás había sido besada! Amy decidió ser paciente y esperar hasta que él estuviera listo, y esa fue una demostración de amor. Sheldon, en la novena temporada del show, decidió que su regalo de cumpleaños para Amy sería su primera noche de sexo juntos. Ella estaba sorprendida, y ambos se sintieron muy nerviosos cuando tomaron la decisión de hacerlo. Las palabras de Sheldon fueron muy dulces. Dijo: *"Podemos descifrarlo juntos"*. Y así fue.

Todos lo desciframos de una manera u otra. Lo que más atesoro es haber podido tomarme mi tiempo para tomar decisiones y luego medir si esas decisiones se sentían bien o no.

Solía avergonzarme por haberme desarrollado más tarde que mis amigas, pero ahora lo acepto y soy capaz de experimentar la belleza, el amor y la felicidad en formas que jamás imaginé cuando aún era una chica tímida y desorientada.

PARA TERMINAR

Poder entender tus emociones y tener sentimientos profundos es una parte importante en esta etapa de crecimiento. Aprender sobre cómo impactan tus sentimientos y emociones en los demás es lo que te convertirá en una extraordinaria amiga, hija, hermana, novia y esposa, si es eso lo que decides ser.

No es fácil tomar siempre decisiones conscientes y acertadas sobre cómo brindaremos nuestro corazón o cómo usaremos nuestros cuerpos para expresar amor. Espero que este capítulo te haya ayudado como punto de partida para poder tomar decisiones sanas y seguras a medida que vayas creciendo.

Recuerda que tus sentimientos, tu corazón y tu cuerpo son medios maravillosos para comunicar las cosas más trascendentales y profundas que llegamos a experimentar como seres humanos. Aprende sobre tu cuerpo, confía en tus instintos, y jamás tengas miedo de poner un freno o evitar hacer algo que no te convence. Este es el mejor regalo que puedes darte a ti misma y a quien sea que elijas para estar a tu lado.

CÓMO SALIMOS ADELANTE

La transición de niña a mujer es una experiencia fascinante, y estar vivas en este tiempo de la historia es realmente fabuloso. ¡Hay mucho para celebrar!

Pero ¿la vida se trata solo de celebrar lo fascinante? ¿Siempre la vida es maravillosa y todo sale como deseamos?

Cuando miro programas de la tele o películas, o cuando navego las redes sociales, veo imágenes hermosas y a mucha gente feliz. Son familias sonrientes, mascotas adorables, casas deslumbrantes, amistades increíbles, relaciones amorosas soñadas, en fin, parecieran ser vidas perfectas. La gente muestra un mundo lleno de alegría y éxitos. Pero la vida no siempre es así: las cosas malas también suceden. Nos sentimos tristes o nos encontramos con situaciones que no sabemos manejar. Y a veces también podemos llegar a sentir que, si nuestra vida no es como la de los demás, algo anda mal.

Los psicólogos y los sociólogos son expertos en descifrar por qué y cómo la gente hace lo que hace, y han definido las siguientes instancias de la vida como las más desafiantes y estresantes:

1. Mudarse de casa o departamento

2. La muerte de un ser querido

3. Un divorcio en la familia

4. Problemas económicos en la familia

¿Qué otras cosas pueden ser estresantes?

1. Terminar una relación o pelearte con un buen amigo

2. Tener sentimientos por alguien, y que estos no sean correspondidos

3. Recibir burlas por ser diferente

4. Sentir presión de tus padres para que te vaya bien en la escuela

5. Relaciones difíciles con hermanos u otros miembros de la familia

6. Tener algún ser querido en el servicio militar

7. Oír en las noticas lo que sucede en el mundo

Aunque estos últimos no suenen tan graves como los cuatro primeros, no dejan de ser estresantes y pueden afectarnos de muchas maneras.

¿QUÉ ES EL ESTRÉS?

¿Qué es exactamente? ¿Qué es lo que hace? ¿Cómo nos afecta?

La palabra suele usarse para describir la presión que ejerce, por ejemplo, una bola de bowling sobre una mesa destartalada: la mesa está bajo el estrés de un objeto extremadamente pesado. Ese es el estrés físico. El estrés emocional es bastante parecido: tiene que ver con la presión que sentimos cuando nos enfrentamos a una situación difícil y desafiante. El estrés afecta a nuestro cuerpo y cerebro, y puede también alterar el modo en que tratamos a la gente que nos rodea y nuestra rutina diaria, incluso si no tienen nada que ver con lo que nos está estresando. Entonces, sentirse estresada por una cosa puede llevarte a sentirte estresada por muchas cosas al mismo tiempo; y eso hace que la tensión crezca más y más.

Las situaciones estresantes pueden ser físicas, por ejemplo, que se nos acerque un perro furioso que pareciera estar a punto de atacarnos; o pueden afectar tus sentimientos y tu comportamiento, como ante la pérdida de un ser querido. Cuando se nos desafía físicamente, nuestro cerebro recibe el mensaje de que hay algo que necesita nuestra atención y que debemos actuar al respecto, y por lo general, de inmediato. Hay una parte del cerebro llamada *amígdala*, que es responsable de que sintamos miedo y sepamos qué hacer cuando algo parece asustarnos. Entonces, si se nos acerca un perro furioso, esto activa la amígdala, que nos dice: *"¡Ay, demonios! ¡UN PERRO!"*. Y a continuación se pone en contacto con el resto del cerebro para iniciar la acción que nos ayudará a protegernos de la amenaza.

Si alguna vez oíste la expresión "lucha o huida", tendrás una idea de lo que debe hacer tu cerebro cuando siente que está siendo amenazado. El cuerpo envía sangre extra a nuestros músculos para que puedan usarla, ya sea para defenderte (si eliges luchar) o para salir corriendo (si eliges huir). Nuestro cerebro le indica al corazón que bombee más sangre, aumentando así los latidos y la presión sanguínea. También le envía hormonas a la sangre, como por ejemplo, la adrenalina para la energía, y las endorfinas para darnos valor y saber protegernos. Estas hormonas y el incremento en el flujo sanguíneo hacia el corazón explican esas palpitaciones y la agitación que seguramente tuviste al sentirte asustada o amenazada alguna vez. (También sucede cuando ves a alguien que te gusta, pero vamos, ¡las razones son muy diferentes!).

El cuerpo percibe los factores estresantes como amenazas que necesitan resolverse de una de estas dos maneras: luchando o huyendo.

Aquí tienes un dibujo de algunas partes del cerebro y sus funciones.

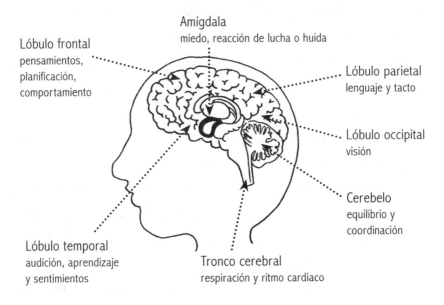

Amígdala
miedo, reacción de lucha o huida

Lóbulo frontal
pensamientos,
planificación,
comportamiento

Lóbulo parietal
lenguaje y tacto

Lóbulo occipital
visión

Cerebelo
equilibrio y
coordinación

Lóbulo temporal
audición, aprendizaje
y sentimientos

Tronco cerebral
respiración y ritmo cardíaco

¿Qué es el estrés emocional? ¿Cómo lidian el cuerpo y el cerebro con él? Para el cerebro, el estrés emocional no es tan diferente de la amenaza física. Cuando nos encontramos en una situación emocionalmente estresante, el cerebro recibe un solo mensaje: *"¡Atención, situación amenazante!"*. Y aunque el estrés emocional o psicológico pueda ser diferente a un evento que solo sucede una vez, como el del perro furioso que se nos acerca, el cerebro envía mensajeros hormonales a todo nuestro cuerpo para comenzar a protegernos de lo que interpretó como un ataque.

A diferencia del estrés físico, en el emocional el cerebro querrá quedarse a darnos su apoyo sin importar cuánto dure esa situación. Por ejemplo, si alguien en tu familia está sirviendo en el servicio militar, tus sentimientos al respecto se extenderán en el tiempo. Tal vez te sientas triste y extrañes a esa persona. Tal vez temas por su vida, y es probable que prestes más atención a las noticias en la televisión para ver si dicen algo al respecto. Todas estas son preocupaciones reales y claramente estresantes. Tu cerebro estará en alerta durante un largo período de tiempo… hasta que tu ser querido regrese a casa. No es algo que sucede una sola vez. Es un estrés prolongado.

Lo fascinante sobre el cerebro es que puede brindarte su apoyo al mismo tiempo que te ayudará a poder funcionar en la escuela y en casa, y evitar que este estrés prolongado afecte tu vida entera. ¡No olvides que puede procesar más de una cosa a la vez! Permite que te distraigas, incluso por períodos muy cortos, ya sea con las tareas de la escuela, alguna fiesta a las que te inviten, los quehaceres diarios en casa o ciertas actividades sociales. De este modo, podemos disfrutar y continuar con nuestras vidas, aún con la constante sensación de estrés en nuestra mente.

Ahora bien, todos los cerebros funcionan ligeramente diferente y todos reaccionamos de distinta manera al estrés. Para algunas personas, la muerte de su mascota podría hacerlos sentir devastados durante una semana, pero luego volverían a la "normalidad". Seguramente todavía extrañen al animal y tal vez se pongan tristes de vez en cuando; pero pronto pasarán a sentirse mejor y superarán el dolor. Eso es totalmente normal. Para otras personas, en cambio, el dolor por la muerte de su mascota podría quedarse rondando en el aire durante mucho más tiempo. Podrían estar tristes por meses. Y eso también es absolutamente normal.

Las diferencias sobre cómo reacciona la gente al estrés dependerán de muchos factores. La genética y las características en tu personalidad que hayas heredado de tus padres aparecerán en escena; también el ambiente que te rodea y cómo tu familia te haya enseñado a interpretar los sentimientos y qué hacer con ellos. Tus reacciones también dependerán de cosas sobre las que sí tienes control, como tus habilidades emocionales, y que pueden ayudarte a atravesar momentos difíciles. No debes olvidar que el estrés es acumulativo, es decir, que el que sientes por una situación actual se sumará al de una situación anterior, especialmente si aún no está resuelta. Los factores estresantes se apilan unos sobre otros y producen reacciones mayores de la que en realidad tendríamos si estuviéramos lidiando con una sola cosa estresante a la vez.

¿CÓMO SE VE EL ESTRÉS EMOCIONAL?

Si estamos frente a una situación estresante que no tiene que ver con una lucha o huida, sino que es algo que sentimos dentro, aquí tienes algunos cambios que podrías experimentar, especialmente si el estrés se prolonga en el tiempo o si estás teniendo problemas para hacerle frente.

1. Cambios en el cuerpo:

    • Podríamos perder o aumentar de peso. Algunas personas comen más de lo habitual; pero a otras personas les resulta difícil probar bocado.

    • Sentirnos adoloridas y muy cansadas.

    • Podríamos tener dificultades para concentrarnos o pensar con claridad.

2. Sentimientos de tristeza:

- Podríamos sentirnos desesperanzadas y perder interés en cosas que antes sí nos importaban, como determinados pasatiempos, amistades o la escuela.

- Desmotivadas, sin ganas de hacer nada. Hasta salir de la cama o vestirse podrían convertirse en tareas difíciles.

3. Enojo:

- Podríamos sentirnos irritadas, con pocas pulgas e incluso enojadas, muchas veces sin razón aparente o de un momento a otro.

- Sentir las ganas de provocar daño a nosotras mismas o a los demás, o arrojar y romper objetos.

Estos síntomas y sentimientos son el modo en que el cuerpo y el cerebro reaccionan al estrés. Con el tiempo, estos podrían volverse más y más fuertes. Y, a menos que hallemos la manera de lidiar con ellos, podríamos dañar nuestro cuerpo, nuestro cerebro y nuestras relaciones con los demás.

Cuando la tristeza se convierte en depresión

Si el ganar o perder peso repentinamente va acompañado de una sensación prolongada de cansancio, desesperanza y pérdida del interés en cosas que antes amábamos puede derivar en una *depresión*. Esta condición es diferente a la tristeza, y si te sientes triste y desesperanzada por más de dos semanas, habla con un médico, alguno de tus padres o un profesor o una profesora en quien confíes, y diles que crees que podrías estar deprimida. Y si ves que te sientes profundamente triste pero no hay nada estresante en tu vida en este momento, también busca hablar con alguien. Es posible obtener ayuda. Y es clave que lo hables con alguien más en las primeras etapas de la depresión, así recibirás la ayuda que necesitas antes de que se convierta en un problema mucho más grande y difícil de resolver.

HACERLE FRENTE

Una de las cosas más importantes que debes entender sobre el estrés emocional es que hay maneras de mejorar la situación, incluso si creyéramos que no tiene solución. Se llama *hacerle frente*. Lamentablemente, muchas de nosotras no sabemos enfrentar las dificultades de manera saludable. Por el contrario, pareciera que recurrimos a las opciones negativas para ayudarnos a sentir mejor.

El enojo

El estrés puede hacernos sentir enojadas. Y el enojo puede ser una emoción muy útil, porque pareciera que nos señala algo malo o molesto y eso nos puede incitar a modificar esa situación. Pero lo que sucede con el estrés emocional es que no siempre desaparece cuando nos enojamos. Y a veces las personas descargan ese enojo sobre los demás, y les gritan o les pegan o se comportan de mala manera mediante acciones y palabras. Esto no reducirá la causa del estrés; de hecho, hasta podría aumentarlo, incluso si la persona enojada pareciera sentirse mejor en ese momento. Con el tiempo, ser abusiva o desquitar tu enojo sobre los demás dispara más estrés en tu cuerpo. Por lo tanto, si notas que estás reaccionando de este modo en situaciones estresantes, respira profundo e intenta pensar en otra alternativa para lidiar con lo que te está molestando. Hablar con alguien en quien confíes podría ayudarte mucho, y casi todos hemos sentido alguna vez esta sensación de enojo, así que es importante que sepas que no estás sola.

Cuando el enojo se convierte en violencia

Nunca está bien que alguien te golpee o te lastime porque está enojado, incluso si dicen que es tu culpa, o sin importar si es tu padre, tu madre, un hermano o un amigo. Si te sientes con miedo en tu casa o dentro de cualquier relación, necesitas decir lo que te está pasando y también mereces protección. Si te encuentras en una situación abusiva, o conoces a alguien que lo esté, no dudes en pedir ayuda.

Distracción

Algunas veces la gente bebe, se droga o incluso se pierde frente al televisor para evitar tener que lidiar con las emociones que son causadas por situaciones estresantes. Estas distracciones podrán funcionar por unos momentos, pero en realidad no hacen absolutamente nada para ayudarnos a salir de ese estado.

Con el tiempo, el alcohol y las drogas pueden convertirse en una especie de muleta y una amenaza para tu salud, y podrían contribuir a que tomes decisiones que a la larga impactarán sobre tu vida y causarán estragos irreversibles. Aislarte y sentarte frente a la tele puede no ser tan mala idea de vez en cuando, porque sirve para que te tomes un descanso; pero mantenernos distraídos todo el tiempo no es la solución para poder comprender nuestros sentimientos ni para hacer algo productivo con ellos.

Cuando beber alcohol o consumir drogas se convierte en un problema

Las drogas y el alcohol causan daños graves en el cerebro, incluso si es la primera vez que los consumes. Estas sustancias activan químicos en tu cerebro que te hacen sentir de determinada manera, pero es porque interceptan sus operaciones normales. Cuando están ebrias o drogadas, algunas personas sienten que son súper fuertes o que tienen todo bajo control, e incluso disfrutan el tener su cabeza en cualquier parte. Pasado un tiempo, el cerebro se vuelve adicto a las drogas y al alcohol, lo que significa que ansiarás consumirlos, incluso cuando crees que podrías prescindir de ellos. La adicción te desorienta y hace que te obsesiones en planear formas de conseguir esas sustancias. Los adictos suelen tomar decisiones muy malas, que dañan relaciones, su estado físico y su salud mental. Si sientes que no puedes revolverse tus problemas sin la ayuda de las drogas o el alcohol, busca ayuda cuanto antes. Alcohólicos Anónimos es un recurso reconocido mundialmente y excelente para tratar esta adicción. Si alguien que conoces bebe con desmesura o consume drogas en formas que te hacen sentir incómoda o asustada, no tienes por qué lidiar con eso sola. Habla con alguien en quien confíes, o también puedes recurrir a algunas de las organizaciones anónimas especializadas, capaces de ayudar a las personas que conviven con personas adictas.

Opciones saludables

Si el enojo, la bebida, las drogas y la televisión son opciones perjudiciales para lidiar con el estrés, ¿cuáles serían ejemplos saludables?

Por suerte, hay muchísimas cosas que puedes hacer. Lo primero es aprender a confiar en otras personas y buscar ayuda en vez de aislarte. El estrés y la tristeza crecen en la oscuridad, y debemos sacarlos de allí y echar luz sobre ellos. Confiar en los demás no es algo que a todos les surja de manera natural. Pero recuerda que a lo largo de historia la gente siempre ha vivido en comunidades, y eso es porque nos permite conocernos y ayudarnos unos a otros. Ser parte de una comunidad significa que hay personas cercanas a ti y a tu familia, y que podrían ayudarte. Tal vez hayas visto a tu comunidad reaccionar frente a algún desastre natural, como un incendio, una inundación, un terremoto o tornado. ¿Has notado cómo la gente se une para apoyarse mutuamente? Y no son solo los bomberos y la policía… todos los miembros que la integran deben ayudarse unos a otros, y casi siempre eso es lo que sucede.

No temas compartir tus emociones. Si no estás cómoda charlándolo con tu familia, busca hablar con un consejero escolar o un maestro en quien confíes. A veces los padres de un amigo también son una buena opción, y también es un lugar seguro para comenzar.

Otra manera de lidiar con el estrés es participando de eventos donde la gente se congrega. ¿Alguna vez tus padres te pidieron que asistieras a algún encuentro religioso cuando estabas atravesando un mal momento? Puede sentirse algo extraño al principio, pero también podría ser de gran ayuda. Es bueno estar rodeada de otras personas para no tener que atravesar nada por tu cuenta. Al hacerlo, aprendemos más sobre qué y quiénes pueden ayudarnos.

Por miles de años, las religiones han creado muchísimos rituales que pueden resultarnos útiles en tiempos de estrés. Así que, si no tienes ganas de participar de algo muy organizado y formal, hay aspectos de estos rituales que puedes aplicar en tu vida. Estos son algunos de los beneficios que las personas han descubierto siendo parte de una comunidad religiosa en momentos de estrés.

I. Ayuda. ¿Alguna vez tuviste una actividad fuera de casa y extrañaste tu hogar? Es muy probable que hayas vivido lo que esa comunidad a tu alrededor puede hacer por ti cuando lo necesitas. Una comunidad te ayuda a no sentirte sola. Puede ser una sana distracción y ayudarte a comprender lo que sientes en un contexto más amplio que si intentaras hacerlo por tu cuenta. En las comunidades que son cerradas, cuando alguien en la familia muere o cuando nace un bebé, la gente se aparece de inmediato con comida y se ofrecen a cuidar a los más pequeños para que los adultos puedan charlar y decidir detalles sin tener que preocuparse por los niños. Siempre ayuda tener gente cerca cuando estamos atravesando una situación de mucho estrés, y las comunidades lo hacen posible. (Claro que también hay actividades y comunidades no religiosas que logran este tipo de conexión, pero la estructura de organizaciones religiosas es la que hace que las personas se congreguen regularmente y se conozcan más en profundidad).

2. Concentración. A veces, cuando estamos estresados, solo podemos pensar en la situación que lo originó. Reunirnos en un ambiente relajado, como una iglesia, una sinagoga o una mezquita, nos obliga a sacar esos pensamientos de la cabeza e intentar concentrarnos en algo nuevo. Este tipo de concentración le permite al cerebro revertir la dinámica con la que todo sucede. La tristeza, la frustración, la depresión o el enojo que estamos sintiendo puede interrumpirse, aunque sea un período corto de tiempo, y esto da comienzo a un patrón cerebral que te ayudará a resolver las cosas de otra manera.

3. La oración. Orar es una forma de ponerle voz a lo que nos sucede. Incluso si no crees en Dios, puedes reservarte un espacio de silencio para poder hablar —aunque sea en tu cabeza— sobre lo que te está sucediendo. Muchas veces pareciera que la oración es solo para agradecerle a Dios por todo. Y esto podría no tener sentido cuando lo que nos está sucediendo es horroroso. Pero el proceso de la oración nos permite hallar un lugar en nuestro cerebro y en nuestro corazón donde podemos agradecer por las cosas que están bien, incluso cuando hay otras que podrían no estarlo. Convertir la idea de "todo esto apesta" a "ciertas cosas apestan, pero hay otras que no" es un muy buen comienzo para intentar salir de un bajón depresivo.

4. La meditación. Muchas tradiciones religiosas, en especial las orientales, incorporan la meditación. Si crees que la oración es otra forma de conversar, la meditación se trata de escuchar. Existen muchas maneras de hacerlo, pero la idea básica es: dejar de hacer lo que estás haciendo y hallar un lugar tranquilo donde estar con tus pensamientos y donde puedas respirar lenta y profundamente. Algunas meditaciones incluyen escuchar a una persona que te guía en un ejercicio de respiración. En otras, solo te sientas e intentas mantener los pensamientos lejos de tu mente. Incluso hay maneras de meditar mientras caminas: lo haces lentamente y debes tomar plena consciencia de cada paso que das... Suena bien, ¿no? Y, lo que es incluso mejor, es que se ha comprobado científicamente que meditar mejora el funcionamiento del sistema inmunológico y está ligado a la disminución de ansiedad y depresión. ¡Así que con la meditación ganas o ganas y es absolutamente saludable! (Echa un vistazo al recuadro de la página 142).

Otro modo de enfrentar el estrés saludablemente es hacer alguna actividad física, en oposición a acumular sentimientos de enojo o usar la violencia y la agresión. La energía que gastas en practicar, entrenar y competir ayuda muchísimo en la liberación de las tensiones. Para todos los que tenemos tendencia a estresarnos, el deporte es una manera segura y saludable de eliminar ese exceso de energía y emociones. A veces cuando me siento así, salgo a caminar o a correr y percibo literalmente cómo esas energías negativas abandonan mi cuerpo con cada paso que doy. Ser atleta no te garantiza una vida sin estrés, pero el solo hecho de poner tu cuerpo en movimiento es excelente para eliminar esa energía extra, sin importar cómo lo hagas.

Recurrir a opciones saludables estimula a tu cerebro a enviar señales de paz y calma al resto del cuerpo. Las hormonas de la felicidad se despiertan tras haber estado dormitando por el estrés. Una vez que el cerebro comienza a liberar estas hormonas de la felicidad —como la serotonina y la dopamina—, comienza a remover todas esas sensaciones tristes que flotan por tu cerebro y tu cuerpo. Además, lo interesante de estas hormonas es que el cerebro es un poco adicto a ellas: una vez que las experimenta y nota el cambio, te ayudará a levantarte para que te sientas mejor por períodos de tiempo cada vez más largos.

Enfrentar el estrés por nuestra cuenta

Estar rodeados de gente mientras atravesamos una situación difícil a veces puede hacernos sentir que las cosas solo empeoran. Es normal querer estar sin la compañía de otros, y todos tenemos ese derecho, especialmente en momentos de tensión. El tiempo a solas puede ser muy importante a la hora de aprender a lidiar con el estrés, y es crucial sacarle provecho, en especial si no contamos con la posibilidad de formar parte de una comunidad o una religión, por las circunstancias que fueran.

Entonces, ¿cómo podemos incorporar técnicas sanas a nuestra vida estando solas? Es más fácil de lo que crees, y ni siquiera hace falta que abandones tu habitación para hacerlo. En muchos casos, tiene que ver con utilizar cosas que hay en tu casa y, también, dentro de ti.

Un principio general es que te acostumbres y te sientas cómoda con el concepto de *mindfulness* en todo lo que hagas, como mencionamos en el capítulo *Dos*. *Mindfulness* significa apreciar lo que está sucediendo a nuestro alrededor y desacelerarnos lo suficiente como para reconocer esos cambios. Para cada uno de los siguientes ejemplos, ser consciente de lo que tienes frente a ti y apreciar lo que reconoces como algo positivo será un gran comienzo.

Estas son algunas de mis técnicas para lidiar con el estrés que adoro hacer sola (¡aunque también pueden hacerse con un amigo, si lo prefieres!):

I. **Darle un giro a las cosas.** Cada vez que haces algo fuera de lo normal, tu cerebro recibe una señal de alerta. Es como si le dijeras:

"¡Ey, probemos con algo diferente!". Incluso los cambios más simples en tu rutina pueden ser un buen inicio para trabajar el estrés. Visita un lugar que no conozcas. Toma un camino diferente. Explora un parque en el que jamás hayas estado antes. Háblale a un chico de la escuela a quien nunca le habías hablado. Come algo diferente en el almuerzo. Cambia el color con el que te pintas las uñas. Córtate el cabello (¡pide permiso en casa primero!). Yo amaba reacomodar todas las cosas en mi habitación: cambiaba de lugar las muñecas y los libros en mis estantes o los cuadros de la pared, solo para hacer algo distinto. Cualquier cambio puede ser bueno, ¡incluso los más pequeños!

2. Modificar la perspectiva. Tener un pensamiento positivo y charlar contigo misma podrían parecerte algo tonto, pero te sorprendería conocer la cantidad de evidencia científica que demuestran que funcionan para mejorar nuestro humor y disminuir el impacto negativo del estrés. Puedes encontrar frases motivadoras en todo Internet. Cuando haya una que realmente te inspire, cópiala y déjala en tu espejo o en tu cuaderno. (Encontrarás algunas de mis favoritas al final de este capítulo). Recuérdate a ti misma tantas veces como sea necesario que *nadie tiene una vida perfecta*. Todos tenemos desafíos. Si te sientes triste, debes saber que la vida siempre se pone mejor. No será así eternamente. Inunda tu cerebro con ideas positivas.

3. La naturaleza. Las maravillas del mundo natural han sido celebradas por la humanidad desde siempre. Los océanos, lagos y arroyos; las montañas y los valles; las nubes, el cielo y todo lo demás han inspirado a poetas, pintores, rabinos, curas, imanes y monjes desde el primer momento en que el ser humano puso un pie sobre esta Tierra.

La naturaleza tiende a hacernos sentir muy pequeños (¡hay tantas estrellas en el cielo y planetas en el universo que es imposible que yo tenga algo de relevancia!) y también nos hace sentir muy grandes (este universo es inmenso, ¡y yo soy parte de él… guau!). Incorpora pequeñas dosis de naturaleza a tu día. Detente a ver una flor en vez de pasarla de largo. Admira la forma en que un árbol se alza hacia el cielo, buscando nutrirse de esa gloriosa y gigante bola de fuego que es el sol. Sigue con la vista una hoja de árbol arrastrada por el viento. Tómate un segundo para apreciar todas esas cosas que no fueron creadas por el hombre, sino que son producto de la gloria del mundo científico y de los eventos naturales. Seguramente te haga sentir humilde y también fortalecida, y tendrá un efecto muy positivo en tu estado mental y tu actitud.

4. Mover el cuerpo. Está demostrado que caminar al menos 15 minutos estimula tu estado de ánimo si lo conviertes en un hábito. Aumentar la circulación de sangre y de oxígeno moviendo tu cuerpo un par de veces a la semana eleva los niveles de las hormonas de la felicidad y entrena a tu organismo para que pida más de esas hormonas. Bailar es una excelente alternativa para moverte, y la música ayudaría a que no lo consideres como una obligación. Si caminar y bailar no son lo tuyo, intenta algo nuevo, como ese deporte que siempre te ha gustado, pero que aún no te animas a practicar. Si no te gustan los deportes, seguro habrá algo más para ti. La clave es mover el cuerpo con alguna actividad que encuentres placentera.

5. El arte. Practicar arte y aprender sobre arte son modos fabulosos de expandir tu mente y alimentar la parte creativa del cerebro, lo que estimula inmensamente a tu estado de ánimo. Pintar, dibujar o incluso trabajar con arcilla puede resultar muy terapéutico. Me gusta escuchar música que hace referencia a cómo me estoy sintiendo en ese momento, en especial cuando estoy triste. También disfruto de tocar el piano, porque mis emociones se vuelven más manejables cuando puedo expresarlas. A veces escribo en un diario, y otras veces escribo poesía, porque me encanta el desafío de tener que encontrar palabras que rimen y que coincidan con mi estado de ánimo. En la escuela media, la poesía fue el espacio donde me sentía segura para expresar mis sentimientos por Mischa, el chico que me gustaba. Ahora hago collages con fotos, dijes, telas y lo que sea que encuentre dando vueltas por la casa, porque ser creativa es reconfortante y crear algo de la nada le da a tu cerebro un impulso importante.

6. La meditación. Como mencioné antes, puedes meditar por tu cuenta, a cualquier hora, y con casi nada de preparación. Una meditación básica comienza así: siéntate en una silla con la espalda derecha. Asegúrate de estar cómoda, no deberías sentir ninguna tensión en tu espalda ni en tu cuello. (También puedes recostarte, pero no te duermas... ¡eso es lo que me sucede a mí cuando me recuesto!). Cierra los ojos suavemente y presta atención a tu respiración. Respira lenta y profundamente e intenta concentrarte solo en eso. Es absolutamente normal tener otros pensamientos, como por ejemplo, qué comerás en la cena o lo lindo que se veía ese chico esta mañana en la clase de gimnasia. Incluso ahora que ya tengo algo de experiencia en meditación, pienso en lo que haré de cenar o en la ropa que tendré que lavar más tarde. Ah, y también en muchachos guapos. Créeme, ¡es fácil dejarse llevar! Pero lo importante es no sentirse mal cuando tu mente comienza a vagar. Deja que los pensamientos pasen y se vayan. La idea es no tener tantos pensamientos, o bien, que estos no se queden por mucho tiempo en nuestra mente. Hay gente que practica meditación toda la vida para perfeccionarse, y los monjes en algunas religiones pasan literalmente sus vidas enteras intentando dominarla... ¡No es sencillo! Es como cuando tienes que poner a trabajar un músculo en particular por primera vez. Meditar requiere de práctica y del uso del "músculo" más poderoso de todo tu cuerpo: ¡el cerebro!

7. Los pequeños placeres. Hay cosas simples que me hacen feliz cuando estoy algo deprimida o estresada, como tomar una taza de té, escribir una carta o un email a una amiga con la que hace bastante que no hablo, pero extraño mucho. También, adoro tomar un baño y usar mi loción favorita, que huele tan bien... —quizás sea porque hasta que cumplí los 15 compartía el baño de casa con otras cuatro personas, así que hoy disfruto de mi tiempo a solas en la bañera sin que nadie me apure. Si prometes no reírte, te contaré uno de mis placeres favoritos... Sobre mi escritorio tengo una carpeta con imágenes de animales que encuentro por ahí y me gustan. Son más que nada monos y gatos que he sacado de revistas y que he estado coleccionando desde hace un tiempo. Siempre recurro a estas imágenes cuando necesito una sonrisa. Sé que suena algo tonto, pero es un pasatiempo que no cuesta dinero y me lleva solo unos segundos. En mi caso, ver a un mono con anteojos y sombrero de copa hace maravillas, y sé que mi cerebro agradece esa dosis de ternura. Los pequeños placeres pueden ir más lejos. Pero es importante que cada una encuentre los suyos.

Algunas frases inspiradoras

Una mujer es como una bolsita de té. Nunca sabes lo fuerte que es hasta que se encuentra en agua caliente. Eleanor Roosevelt

Hay dos maneras de difundir la luz: ser la luz que brilla o el espejo que la refleja. Edith Wharton

Lo mejor y lo más bonito de esta vida no puede verse ni tocarse, debe sentirse con el corazón. Helen Keller

Recuerda que a veces no conseguir lo que quieres es un maravilloso golpe de suerte. Dalai Lama

Aprovecha al máximo de ti atizando las diminutas chispas interiores de posibilidades hasta convertirlas en las llamas de tus logros. Golda Meir

Da tu primer paso con fe; no es necesario que veas toda la escalera completa, solo da tu primer paso. Martin Luther King Jr.

Meditación para inspirarse

Estas son algunas meditaciones que puedes practicar por tu cuenta una vez que hayas aprendido a respirar lenta y profundamente. Incluso si las realizas por cinco minutos, notarás una gran diferencia en el modo en que tu cuerpo reacciona al estrés diario.

1. **Localiza la respiración.** Concéntrate para sentir desde dónde respiras. Comienza por tu estómago: intenta sentir cómo se infla como un globo cuando inhalas aire. Inhala a través de la nariz y percibe cómo el aire toca tus fosas nasales. Exhala a través de la boca, lentamente. Siente cómo el aire sale y roza tus labios. Repítelo, respirando lenta y profundamente. El objetivo es quedarse quieta y no forzar la respiración.

2. **Adentro y afuera.** Cuenta las respiraciones e intenta que ese número sea lo único que ocupe tu mente. Toma aire y piensa: *Uno adentro*, y luego larga el aire y piensa: *Uno afuera*; luego toma aire nuevamente y piensa: *Dos adentro*, y luego exhala y piensa: *Dos afuera*; repítelo varias veces. ¿Hasta qué número llegaste sin perder la concentración? Si te distrajiste, ¡no te preocupes! Vuelve a empezar e intenta llegar a un número más alto esta vez.

3. **¿Cuán lento puedes respirar?** Disminuye tu respiración tomando aire lentamente, sin sentir que estás conteniendo el aliento. Cuenta cuánto tiempo tardas en tomar aire y cuánto en largarlo. La exhalación suele ser más larga que la inhalación. ¿Puedes inhalar en 5 segundos y exhalar en 7? ¿Puedes disminuir la velocidad de tu respiración aún más intentando inhalar en 6 segundos y exhalar en 8? No tienes que sentir

que te falta el aire. La idea es entrenar tu cuerpo para que puedas respirar más lentamente y apaciguar tus pensamientos mientras te concentras en la respiración.

4. **¡Camina!** Si quieres meditar mientras caminas, ¡nunca cierres los ojos! Ve a algún lugar donde puedas dar al menos 10 pasos en línea recta. Tiene que ser un espacio tranquilo, como un pasillo o corredor sin gente, un patio o incluso un parque. Levanta una pierna y da un paso, pero hazlo lentamente, tan lentamente que necesites mantener el equilibrio sobre la pierna mientras avanzas muy despacio con el otro pie. Al principio quizás te resulte algo gracioso, pero la idea es moverte con total intención y concentración, y hacerlo muy pausadamente. Cuando tu pie toque el piso, concéntrate en apoyar primero el talón, y luego deja que el resto del pie se apoye contra el suelo muy lentamente. No te apures a levantar el otro pie. Siente cómo tu cuerpo se ajusta a tener los dos pies sobre el suelo y luego pasa el peso de tu cuerpo al pie que tienes delante para lentamente empezar a levantar el de atrás. A medida que lo haces, presta atención a cómo se levanta el talón, seguido del resto del pie, que se despega completamente del suelo. Hazlo despacio, una vez más, intentando mantener el equilibrio sobre la pierna que quedó apoyada. Vuelve a tu posición inicial, respira y siente la estabilidad de estar otra vez sobre ambos pies. ¡Ahora ya puedes dar el segundo paso! Pensar en las siguientes palabras puede ayudarte a hacer el ejercicio: *levanto* (cuando levantas lentamente el primer pie), *apoyo* (cuando apoyas el pie adelante), *cambio* (cuando pasas el peso del cuerpo al pie que tienes delante), *levanto* (cuando levantas el pie de atrás), y *apoyo* (cuando vuelves a bajarlo).

Enfrentar el estrés con la ayuda de otros

Hay otras maneras de lidiar con el estrés. Cuando tienes problemas para hacer tu tarea o para relacionarte con tu familia y amigos a causa del estrés, puede ayudar hablar con tus padres u otro adulto de la escuela. También puedes hablar con un profesional fuera de tu escuela, alguien que esté capacitado para ayudarte con tus problemas. Uno de los pensadores más revolucionarios de la historia fue un hombre austríaco llamado Sigmund Freud. Él practicó la neurología unos cien años atrás, y fue la primera persona en demostrar que hablar en voz alta sobre nuestros problemas puede reducir el peso y el estrés que vienen asociados con ellos. Junto con otro doctor llamado Josef Breuer, Freud fue el primero en comprobar y comunicar que, cuando le hablamos a otra persona sobre nuestros sentimientos y nuestras batallas, transferimos parte de nuestro dolor a esa persona, que luego podrá ayudarnos a trabajar sobre el problema y resolverlo. Este fue el comienzo del psicoanálisis, y es la base de lo que hoy llamamos *psicoterapia*.

HOLA, MI NOMBRE ES
SIGMUND FREUD

A veces cuando estamos muy estresados, tenemos problemas para dormir y los pensamientos en la cabeza no se van. A algunas personas, este tipo de estrés puede llevarlas a hacer determinadas cosas repetidamente para intentar enfrentar el problema, y esto puede escalar aún más y convertirse en algo perturbador en sus vidas.

Si bien el psicoanálisis puede funcionar muy bien, hay otro tipo de terapia que podría usarse en estos casos, y que se llama Terapia Cognitivo-Conductual (o TCC). La TCC fue diseñada como una terapia a más corto plazo y orientada a lograr determinados objetivos donde tienes ejercicios y "tareas" para hacer y charlar con tu terapeuta. La TCC te ayuda a comprender por qué piensas de la manera que piensas, y al mismo tiempo a encontrar formas más productivas de trabajar tu estrés.

Las bases científicas del psicoanálisis y de la Terapia Cognitivo-Conductual son las mismas: al comportarnos y pensar diferente, podemos cambiar la química del cerebro para que nos resulte más fácil lidiar con el estrés. No hay "magia" en terapia. La clave es ser consistente con ver a un terapeuta y hacer preguntas cuando no estamos de acuerdo con algo. Y más importante aún, la terapia solo funcionará si te sientes cómoda cuando hablas con tu terapeuta. Si no quieres compartir tu historia con un terapeuta en particular, prueba con otros, hasta encontrar uno con quien puedas hablar abierta y honestamente.

Cuando estas sesiones no están cubiertas por las obras sociales o los seguros, pueden llegar a ser muy costosas. Sin embargo, muchos países ofrecen servicios gratuitos que les permite a muchas personas tratar sus problemas y hallarles solución.

Aunque la idea de hablar sobre tus sentimientos parezca aterradora, puede resultar de gran ayuda, e incluso hacerlo con un consejero escolar es un buen punto de partida, ya que muchos de ellos han sido entrenados en técnicas básicas de psicoanálisis.

Además de la terapia, quizás hayas escuchado hablar de ciertos medicamentos que la gente toma para manejar mejor el estrés. Estos son recetados por un psiquiatra, que es un médico especializado en las emociones de las personas y los medicamentos que las tratan, pero es posible que algunos pediatras también puedan recetarlos. Si bien los medicamentos ayudan a incentivar a tu cerebro para que libere más hormonas de la felicidad y disminuya las que te generan el malestar, suelen tener efectos secundarios muy fuertes y no siempre son buenos para cuerpos que aún están en desarrollo. La medicación solo puede ser una opción cuando todas las demás maneras de lidiar con el estrés no funcionan, o cuando las reacciones de una determinada persona ante un problema están afectando su día a día en la escuela o en sus relaciones con los demás.

Es importante saber que la medicación no tiene por qué ser "para siempre". A veces las personas toman ciertas medicaciones para atravesar una situación determinada. Pero, con el tiempo, las cosas siempre mejoran y entonces descubren otras maneras de hacerle frente y la medicación ya no es necesaria. Solo tú, tus padres y un médico pueden decidir qué es mejor para tu familia. Y muchas veces, aun cuando se te ha recetado alguna medicación, también puedes acudir a la psicoterapia.

PARA TERMINAR

En caso de que creas que estoy inventando todo esto del estrés, voy a compartir contigo algo súper especial y personal. Puede que tú o tus padres me conozcan de la tele, pero soy una persona real que ha vivido mucho, y un gran número de las cosas que experimenté han sido estresantes.

Mi familia no tenía demasiado dinero cuando yo era niña, y la vida no era fácil para mí. Además de derrochar lágrimas y lágrimas llorando por muchachos y la muerte de mis gatos de la infancia cuando estaba en la escuela media —algo que muchas de nosotras experimentamos—, siempre fui muy pequeña para la edad que tenía y me desarrollé tarde, así que muchos chicos se burlaban de mí. Lloré bastante y me sentí dejada de lado en varios aspectos, e incluso aún hoy hay veces que me siento así. Mi familia tenía muchos secretos, y yo tenía miedo.

Me divorcié hace varios años, y ese mismo año tuve que mudarme; ambas cosas figuran en la lista de las situaciones "más estresante" al comienzo de este capítulo, ¿verdad? También ese año sufrí un accidente con mi automóvil y tuve que someterme a varias cirugías. Al año siguiente, mi padre se enfermó y falleció, tuve que atravesar el fin de una relación que fue realmente devastadora, y mi gato de 13 años fue sacrificado. Todo esto también aparece en la lista, ¿no?

He realizado todas las cosas que he mencionado en este capítulo para poder lidiar con el estrés, y son las cosas que aún practico para conservar mi salud mental y emocional. Pero como el estrés también afecta mi salud física, esto es lo que hago:

- Salgo a caminar varias veces a la semana.

- Trato de pasar tiempo al aire libre, rodeada de la naturaleza, incluso si lo único que puedo hacer es abrazar un árbol de vez en cuando.

- Participo de algunas actividades dentro de la comunidad, al menos una vez a la semana para no asilarme del todo.

• Practico las respiraciones profundas e intento meditar un par de veces a la semana, me siento en mi cama y escucho los sonidos a mi alrededor (incluso si lo único que logro oír son los ruidos del tráfico y mis propios pensamientos).

• Voy a la sinagoga y rezo para tener paciencia con las personas y las situaciones que me molestan. También rezo para tener una mejor perspectiva de la vida cuando lo necesito.

• Hago listas con las cosas por las que estoy agradecida, incluso si son pocas, como tener agua para beber y la compañía de un gato que me necesita.

• Todo el piano y canto canciones tristes cuando necesito recordar que no estoy sola. Hay músicos que en sus letras expresan que también han pasado por momentos tristes. Escucharlas me ayuda a lidiar con mis pensamientos y sentimientos más duros.

• Voy a terapia todas las semanas y hablo de lo que siento, aunque sea difícil y no tenga ganas de hacerlo.

• Sigo algunas cuentas de Instagram que publican frases inspiradoras, y eso resulta muy útil cuando veo las publicaciones de las demás personas, que parecieran tener una vida mucho más ordenada que la mía —o un mejor corte de cabello o vestimenta—, y puedo recordarme a mí misma que yo estoy bien como estoy. Estas frases me recuerdan que si la situación se pone difícil, necesito ser paciente y saber que todo pasará en algún momento.

• Y no olvides mi carpeta con esas tiernas imágenes de monos y gatitos…

Todo lo que hago podrá no garantizar un resultado inmediato; pero con tiempo y paciencia, sí ayudan y contribuyen a mi bienestar y mi salud física y mental a largo plazo. De una persona estresada a otra, espero que confíes en mí y halles tus propias maneras de hacerle frente al estrés con cosas que traigan alegría y paz a tu vida.

Seis

CÓMO APORTAMOS

Hemos explorado muchos aspectos de este proceso de convertirse en mujer: cómo cambia nuestro cuerpo, qué hacemos con el tiempo libre, cómo aprendemos, cómo nos relacionamos con los demás y cómo le hacemos frente a los momentos difíciles... Pareciera que tenemos todo cubierto, pero hay otro aspecto muy importante que implica reflexionar sobre nuestras vidas y decisiones. ¿Todo lo que hacemos –sea grande o pequeño– tiene impacto en los demás? ¿Debería ser así? Mejor dicho: ¿Aportamos algo a este mundo? Si tu respuesta es sí, estoy de acuerdo contigo, y me gusta pensar en modos de transformar esa creencia en acción para que pueda tener un mayor impacto. Pero, si aún tienes dudas, hablemos de cómo podríamos cambiar eso.

Las decisiones que tomamos, lo que decimos y lo que hacemos pueden repercutir poderosamente en otras personas, y parte del proceso de crecimiento es entender cómo funciona eso y hallar el modo de convertirlo en un aspecto significativo de nuestra vida. Descubrir el aporte que podríamos hacerle al mundo puede ayudarnos a aumentar nuestra autoconfianza, a incrementar nuestros sentimientos de pertenencia y de propósito, y a inspirar a otras personas a querer generar un impacto también.

Cuando reparamos en todo esto, logramos ver nuestra vida como algo más que este preciso momento. Lo que hagamos hoy y la semana próxima es importante, pero también lo es pensar en qué sucederá *después* de hoy y de la semana próxima. Tener en cuenta el presente y a la vez ser realistas respecto de lo que no está bien frente a nuestros ojos son aspectos cruciales mientras continuamos nuestra transformación de niña en mujer.

EL FUTURO

Una de las maneras de considerar nuestro aporte es pensando en nuestro futuro. Pero no estoy hablando de planificar el resto de tu vida ahora mismo. Incluso si lo intentáramos, ¡no podríamos saber qué va a suceder! Cuando hablo de pensar en el futuro, me refiero a que podrías ir considerando que te gustaría hacer cuando termine esta etapa de crecimiento.

¿Por qué es importante pensar en esto ahora? Porque las decisiones que hacemos hoy tendrán un impacto en nuestro futuro. Y no, no estoy diciendo que el gusto del helado que decidas comer esta noche vaya a impactar en tu futuro, o que esa nota que ya sabes que no deberías haberle pasado a tu compañero en clase y que habla de esa chica que tan mal te cae volverá a ti y te perseguirá por el resto de tus días. O que haber faltado a la escuela el martes pasado vaya a tener una consecuencia negativa en tu oportunidad de poder comprarte tu propia casa algún día.

Lo que quiero decir es: *lo que hacemos hoy enmarca tu vida y tus actitudes.* Así que el helado de chocolate o de vainilla que comas esta noche tal vez no importe, pero saber que lo que incorporas a tu cuerpo sí importará dentro de un tiempo. Y el papelito que pasaste hoy en clase y que habla de esa chica que tanto te molesta podrá no tener importancia hoy, pero la manera en que vemos a otras mujeres y cómo elegimos participar o no de los chismes sí importará. Y la clase del martes pasado podrá no tener tanta relevancia, pero si eliges faltar varias veces más, entonces sí importará.

No tienes que planificar el resto de tu vida ni hoy, ni la semana que viene. Pero pensar en tu futuro, y hablar al respecto con alguien más, es un gran comienzo para convertir tu futuro en lo que quieres que sea.

DESPUÉS DE LA ESCUELA SECUNDARIA

Terminar la escuela secundaria es un acontecimiento enorme, y cada vez que llegas al final de algo importante en la vida, siempre aparece la misma pregunta: ¿y ahora qué?

Estilo de vida

Uno de los mejores ejercicios cuando queremos reflexionar sobre el futuro es pensar en qué tipo de vida te imaginas tener cuando seas grande.

Por ejemplo, ¿te gustaría ser madre algún día? ¿Puedes imaginarte cómo sería? Una vez que quedas embarazada, tu vida cambia drásticamente, y por casi 10 meses eres responsable de cargar con un bebé dentro de ti. A medida que crezca tu barriga, habrá cosas que te resultarán más difíciles de hacer, y todo lo que comas y bebas le llegará al cuerpo del bebé en desarrollo, ¡qué gran responsabilidad! Dar a luz es un hecho natural, y puede ser una experiencia maravillosa, pero no deberíamos verlo como una cosa más que tenemos que hacer; dar a luz y recuperarse luego del parto es un hecho trascendental.

Ser madre es el trabajo más difícil que he hecho en la vida, y esperé hasta casi mis 30 años para tener a mi primer hijo. El segundo llegó unos pocos años después. Algunas mujeres tienen hijos a más temprana edad y, en la mayoría de los casos, un cuerpo joven se recupera muy bien luego del parto y puedes volver a la silueta que tenías mucho más rápido que si eres una madre de mayor edad. Recuerda que, una vez que tienes hijos, serán tuyos para siempre, y el resto de tu vida girará a su alrededor: los alimentarás, los vestirás, te asegurarás de que asistan a la escuela y hagan su tarea, y todas esas cosas que tus padres hacen por ti.

Si tienes hijos, aún puedes estudiar o trabajar, pero recuerda que alguien deberá quedarse con los niños mientras lo haces. Y también tendrás que decidir quién los cuidará y pagar por ese servicio. Ser madre es una enorme responsabilidad, y cuanto más te prepares, mejor te irá. En general, ese tipo de preparación llega alrededor de los veinte años, ¡así que tómate tu tiempo!

Y ¿dónde te imaginas viviendo cuando termines la escuela secundaria? ¿Te gustaría quedarte en tu ciudad? ¿Permanecer cerca de tu familia? ¿O te imaginas viviendo en otra parte? Si vivir en otro país no está en tus planes, ¿quisieras tener una carrera que te permita viajar un poco? Si es así, hay muchas profesiones que requieren que viajes, como trabajar para un hotel o una agencia de viajes, o incluso como bailarina o cantante en un crucero. Si viajar es lo tuyo, tienes que saber que hay maneras de transformar eso una parte de tu vida.

Aunque todas estas decisiones parecieran estar lejos de tu presente, nunca es demasiado temprano para empezar a pensar en cómo crees que se verá tu vida en unos años. Deja que tu mente divague un poco.

La universidad

Mientras que hay trabajos que puedes conseguir justo después de terminar la escuela, como algún puesto en la industria gastronómica o en tiendas u oficinas, muchos jóvenes eligen ir a la universidad porque el diploma o título que recibes allí te habilita a un grupo diferente de trabajos, con la posibilidad de ganar más dinero y de conseguir más experiencias en el mundo laboral.

Si no estás lista para ingresar en una carrera universitaria, hay otras opciones, como los terciarios, cuyos programas suelen estar más orientados a la práctica profesional. Cada país tiene su propio sistema educativo, así que sería bueno que pudieras consultar más sobre cuáles son las opciones disponibles en donde vives.

En Estados Unidos los diplomas que puedes obtener tras asistir cuatro años a la universidad son principalmente dos: la licenciatura en Arte (conocida como "BA" y relacionada con carreras humanitarias: Inglés, Historia, Artes, Ciencias Políticas o Comunicaciones), o la licenciatura en Ciencias (conocida como "BS" y relacionada con las carreras de Biología, Química, Física, Ingeniería y, mi favorita, la Neurociencia).

Yo obtuve un posgrado en Neurociencia luego de obtener mi título BS, y las personas con posgrados suelen trabajar en facultades y universidades y se dedican principalmente a la investigación.

¿Más estudios?

Algunas personas comienzan a trabajar luego de haber terminado sus estudios universitarios. Otras siguen estudiando para obtener más títulos. Las carreras de posgrado son como la universidad luego de la universidad, pero con clases más pequeñas y especializadas. Y aunque suena a demasiado estudio, aquí hay algunas cosas que debes saber si quisieras continuar estudiando.

- Maestrías: Una maestría es un título que obtienes con 1 o 2 años más de estudios, luego de finalizada una carrera universitaria. Te dará mayor conocimiento sobre un determinado tema, sobre el cual debes dar un examen al final del programa. A veces te piden que escribas un artículo sobre tu tema de estudio.

• Doctorado: Tener un doctorado (en mi país se denomina: *PhD -philosophiæ doctor*) implica llevar a cabo investigaciones sobre algún tema que jamás se haya hecho antes. Esta investigación puede llevarte entre 3 y 7 años. En mi caso, estudié el trastorno obsesivo compulsivo, que es un trastorno en el cual la gente se concentra en algo determinado y se les hace imposible romper con ese círculo de concentración. Trabajé con personas con retrasos madurativos y con necesidades especiales. Estudié durante mucho tiempo para obtener mi título, y aprendí sobre cómo ser una profesora y cómo realizar investigaciones, y escribí un artículo larguísimo llamado *tesis*. ¡Con más de 300 páginas! Los estudiantes de doctorado llegan a ser profesores en universidades o trabajan para compañías que necesitan de algún conocimiento específico que solo ellos pueden proporcionar. Es muy emocionante y reconfortante ser parte de una investigación que puede cambiar la vida de las personas a través de descubrimientos que tal vez tú misma vayas a hacer. ¡Y te dicen "doctora", lo cual es muy divertido!

Tienes mucho que pensar, lo sé. La universidad y el posgrado no son para todo el mundo, pero es bueno tener una idea de la variedad de trabajos y oportunidades que tendrás a tu alcance si eliges este camino.

¿Nada de universidad?

Algunas personas deciden no ir a la universidad, y eso es totalmente aceptable. Todo depende de tus intereses y deseos. ¿Qué otras opciones tienes después de terminar la secundaria? Bien, algunos jóvenes asisten a escuelas de oficios, donde puedes entrenarte para realizar trabajos específicos, como ser electricista, plomero, soldador, chef o incluso maquilladora o estilista. Cursando en una escuela de oficios, puedes comenzar como aprendiz hasta que tengas todo lo que necesitas para trabajar por tu cuenta. Ganarás tu propio dinero más rápido que si fueras a la universidad, pero tus opciones laborales serán diferentes.

Algunos jóvenes eligen alistarse en el ejército, generalmente porque allí se les paga la educación y luego podrán cancelar la deuda brindando su servicio activo o en las reservas. Otros se alistan porque sienten que es su obligación patriótica o porque hay una larga tradición en sus familias de ser parte del mundo militar. La decisión de ingresar en el ejército es muy importante, y deberías hablar con tu familia si es que estás considerando tomar ese rumbo. El querer servir a tu país de esa forma es una decisión llena de valentía y coraje, pero también tiene sus riesgos. Asegúrate de tener una conversación con tu familia apenas comiences a considerarlo y piensa en el impacto que esto podría tener en ti y en todos los que te rodean.

CAUSAS

Una de las maneras de empezar a imaginar sobre cómo se verá tu vida y cómo puedes hacer algo relevante para ti y quienes te rodean es pensar en aquello que te apasiona. Encuentra una causa que signifique algo para ti; te ayudará a aprender más sobre el mundo que te rodea. Tu cerebro necesita mucha información para formar opiniones; y cuanto más aprendas, mejor podrás saber qué piensas en verdad y cómo puedes ser parte del cambio en este mundo.

¿Qué es lo que te importa? ¿Lo que escuchas en las noticias te molesta? Tal vez sea una historia sobre racismo o violencia de armas, o tal vez los datos sobre el daño que se está produciendo en el medioambiente o contra determinados pueblos en el mundo. O quizás sea esa historia sobre un animal encontrado en la calle luego de ser maltratado por sus dueños.

Hay cosas que pasan en tu barrio que tal vez consideres que necesitan de tu ayuda. En casi todas las ciudades, hay gente sin lugar dónde vivir, playas que deberían estar limpias, basura en las calles que alguien debería hacer desaparecer, parques que necesitan ser reparados y decenas de cambios que podrían hacer las cosas más fáciles y mejores para todos.

Si alguna vez te preocupaste por los problemas en tu comunidad y del mundo entero y crees que nada de todo eso tiene arreglo... ¡Te equivocas! Hay muchísimas cosas que podemos hacer para generar un cambio en las sociedades, y cada gesto de amor, bondad y atención ayuda, por más mínimo que parezca. Ya es hora de estar pensando en maneras de devolverle a tu comunidad, tu ciudad, tu país o incluso al mundo lo que se te ha sido dado.

Incluso si el cambio es pequeño, puede significar mucho. Existen algunos ejemplos de proyectos de caridad que han sido iniciados por niñas y jovencitas de tu edad... Y, en algunos casos, hasta más jóvenes que tú.

- **Fundación** *La limonada de Alex*. Alexandra "Alex" Scott tenía menos de un año de edad cuando fue diagnosticada con un neuroblastoma, un tipo de cáncer. A los 4 años, abrió su primer puesto de limonada en el jardín de su casa para recaudar fondos contra el cáncer, y reunió más de 2.000 dólares. Lamentablemente, Alex falleció cuando tenía 8 años, pero en su preciosa y corta vida, llegó a recaudar más de 1 millón de dólares, destinados a la cura del cáncer infantil. Su familia continuó con su legado, y la fundación lleva reunidos más de 120 millones de dólares para la investigación de esa enfermedad y el apoyo a los niños que la sufren y sus familias.

- **Fundación Malala.** Malala Yousafzai creció en Pakistán, en un hogar que siempre alentó la educación de las niñas, pero vivía en una cultura que no siempre la avalaba. A los 12 años, comenzó a escribir un blog sobre la importancia de la educación en su comunidad. (Lee el recuadro de la página 70 para saber más sobre Malala). A los 14 años, ganó un prestigioso premio por su activismo y, a los 15, sufrió un atentado por parte de un grupo terrorista que quería detenerla. Pero ella se recuperó y hoy se ha convertido en la vocera de millones de niñas que no pueden obtener educación debido a motivos sociales, económicos, legales y políticos. Creó su fundación para concientizar sobre la importancia de la educación de las niñas, y recolecta dinero y brinda espacios de aprendizaje seguros para ayudar a las niñas a ganar la confianza que necesitan para demandar aún más cambios.

• *Sole to Soul.* Esta organización comenzó cuando las tres hermanas Scott (las mellizas Hayleigh y Viena, de 13 años, y Sarah, de 10) oyeron la noticia de un incendio en una escuela de Kenia, en África. Vieron imágenes y notaron que todos los alumnos andaban descalzos. Entonces decidieron recaudar dinero para enviarles la mayor cantidad de zapatos posible y fueron casa por casa en su barrio juntando zapatos usados. También establecieron puntos de donación en su ciudad natal y terminaron consiguiendo 33.000 dólares para comprar zapatos para 1.500 niños.

• *Positive Impact for Kids* (Impacto positivo para los niños). Leanne Joyce, a los 12 años, se encontraba en un examen de control médico debido a una condición cardíaca cuando dos adolescentes, voluntarios en el hospital, le hicieron un regalo. Ese acto de bondad hizo que ella se emocionara y quisiera devolver el regalo, y fue así que formó una organización que ayuda a cumplir las listas de deseos de los niños hospitalizados en Carolina del Norte y sus alrededores. Se han recaudado más de 25.000 dólares, y ese dinero es usado para modificar las vidas de los niños en los hospitales.

Aunque estas organizaciones no hagan desaparecer el cáncer infantil ni les den un par de zapatos a los millones de niños en todo el mundo que los necesitan, y a pesar de que hay niñas que jamás recibirán educación sin importar cuánto lo merezcan, estos son ejemplos de proyectos pequeños pero vitales que pueden tener un enorme impacto en las personas.

No tienes que resolver el problema entero para que haya consecuencias. No necesitas arreglar el mundo. Solo tienes que empezar por lo que puedas hacer con tus recursos. Cada vez que tocas a una persona con tu bondad, el mundo se vuelve un poco mejor. Y jamás sabes cómo ese acto de bondad afectará a alguien más. Podría causar un efecto dominó, y entonces tu gesto hará que otras personas también quieran hacer algo sobre ese problema u otro. Así es como funciona.

Tal como la chica que recibió un regalo en el hospital y quiso compartirlo con otros, tú puedes hacer tu parte y ver lo bien que se siente apoyar una causa en la que crees, al tiempo que podrás conocer los efectos positivos que podría traer como consecuencia. Si crear una organización o recaudar dinero puerta a puerta te parece demasiado, estos son algunos ejemplos de otras cosas que podrías hacer y que crearían un gran impacto de todos modos:

1. Dona lo que ya no necesites. Revisa primero tu ropero y tus cajones, y luego sigue con los de toda la casa (¡con permiso de tus padres, claro!). Busca aquellas cosas que ya no usen —juguetes, ropa y prácticamente todo lo que esté en buenas condiciones—, y dónalas. Hay institutos de caridad que usan parte de las ganancias de la venta de objetos usados para apoyar la obra de caridad y a las personas que trabajan allí. También hay lugares que juntan ropa para distribuir en los refugios de personas que viven en la calle.

2. Organiza una campaña para recolectar ropa o comida. Cada vez que tengas la oportunidad de interactuar con un grupo de personas, como ser en la escuela o dentro de tu comunidad, puedes conseguir un grupo más grande de gente que se involucrará en un proyecto caritativo. Cuando tenía 15 años, comencé una campaña de comida enlatada en el estudio de televisión donde estaba filmando. Pegué carteles a mi paso y repartí panfletos durante mi horario de almuerzo. En mi primer año, terminé llenando una camioneta con productos enlatados para un comedor comunitario. La gente amó la posibilidad de poder ayudar, y se sintió muy bien ser parte de algo que logramos como grupo. ¡Cuantos más somos, mejor!

3. Junta monedas durante un año. ¿Alguna vez has encontrado monedas tiradas en el suelo? ¿Alguna vez hallaste un billete en el bolsillo de una prenda que no usabas hacía varios meses y que habías olvidado allí? Yo junto monedas y todo ese "dinero encontrado" y, al cabo de un año, lo cuento y lo dono. A veces elijo alguna obra de caridad, y otras veces uso ese dinero para comprarle un sándwich y una bebida a alguna persona que vea viviendo en la calle. Es un acto pequeño, pero sí hará la diferencia en el día de alguien.

4. Recoge la basura. Cuando voy a un parque o a una playa, suelo ver basura por todos lados. Y estoy segura de que a ti te pasa lo mismo. Pero la próxima vez, no lo ignores. ¡Recógela y tírala en un cesto de basura! Lleva una bolsa de plástico cuando vayas a esos lugares o cuando sepas que estarás caminando, y recoge la basura. Al ser de plástico puedes usarla como "guante" en caso de que te cruces con botellas o envoltorios pegajosos y esas cosas. Si todos lo hiciéramos, no estaríamos rodeados de basura por doquier. Se siente muy bien ser parte de la solución y no del problema; y aunque algunos lugares necesitan de algo mucho más grande que esto, debes saber que ese poquito que estás haciendo aún cuenta... porque así es.

VOLUNTARIADO

Una maravillosa manera de impactar en la vida de otras personas es tomar tu pasión por algo en particular y actuar de voluntaria con tu tiempo y tu energía. Cuando decides convertirte en voluntaria para una causa en la que crees, estás dedicando parte de tu tiempo a participar en una organización o con un grupo de personas que quieren hacer un cambio de una forma práctica. En mi caso, he participado armando cajas con alimentos para los soldados fuera del país, y he ayudado a responder teléfonos y a hacer tareas de oficina en organizaciones que no podían contratar personal para que lo hicieran. Mi voluntariado preferido fue en mi época de adolescencia, cuando trabajé en un centro de ancianos.

¿Cómo surgió eso? Bien, si hay ancianos en tu familia o en tu círculo más cercano, sabrás que pasar tiempo con alguien que ha visto mucho más que tú en esta vida es una manera fantástica de aprender sobre el mundo y sobre lo rápido que está cambiando. Crecí con abuelos con acentos muy marcados, inmigrantes del Este de Europa. Dejaron sus países abatidos por la guerra y los cambiaron por la seguridad que les daba Estados Unidos. Trabajaron larguísimas jornadas en condiciones poco seguras, solo para ganar dinero y mantener a sus familias. Crecieron en un mundo sin computadoras ni teléfonos celulares... ¿Puedes imaginarte eso?

Creo que hay mucho que podemos aprender de pasar el tiempo con los mayores. Así que un día, cuando tenía 17 años, entré en la oficina de un centro de ancianos en Hollywood y pregunté si podía ser voluntaria. Solo tenía que servir el almuerzo a unos 50 ancianos todos los fines de semana.

El tiempo que invertí en conocer a las personas de aquel lugar fue increíblemente valioso. Hice varios amigos, y pude saber por qué habían llegado a ahí: algunos habían crecido en la zona, y muchos otros habían venido de otros países, como Cuba, Armenia y Filipinas. Fue una gran experiencia oírlos hablar de sus vidas. Muchos no tenían familia, y a veces yo era la única persona que quería hablar con ellos. Me hacía bien estar allí para servirles, y sus sonrisas y sus abrazos me decían que el afecto era mutuo. Muchos de mis nuevos amigos hablaban despacio, y eso me ayudaba a ser paciente y amable, incluso cuando se me hacía tarde y tenía cosas que hacer. Aprendí cómo preparar y servir comida, y hallé una fuente de compasión por estas amables personas que se ha quedado conmigo por el resto de mi vida.

El voluntariado te acerca al mundo de otras personas a tu alrededor y te da la oportunidad de hacer la diferencia en la vida de alguien... hoy.

PARA TERMINAR

Todo este proceso del que estuvimos hablando no termina cuando te conviertes en adulta. Es un viaje que te acompañará para siempre, porque tiene que ver con sentar las bases para una vida de decisiones sanas y satisfactorias. Cuando nos imaginamos como jóvenes mujeres, hay muchas formas de hacer que nuestra vida adquiera más significado. Es importante que a tu edad puedas planificar tu futuro a partir de identificar qué estilo de vida y carrera te interesan. Así como también es importante que conozcas las opciones que tienes de contribuir a este mundo. Ya sea como una madre ama de casa o como la presidenta de tu país, hay muchas formas de generar impacto en la gente y en todo lo que te rodea. Y eso comienza por creer que tú sí importas, que sí tienes algo que aportar y luego simplemente empezar a caminar, un paso a la vez.

ALGO MÁS

Cuando comencé a pensar en este libro, estaba segura de que tenía el conocimiento científico para comunicar de qué se trata ser mujer desde una perspectiva biológica. Sabía lo suficiente sobre las hormonas, la genética e incluso sobre la psicología para abordar el tema de la pubertad y de todos los procesos fisiológicos que nos llevan a convertirnos en mujeres. Sabía lo suficiente sobre cómo el cerebro aprende y adquiere conocimientos, y estaba segura de que tenía bastante aflicción y amor en mi vida para escribir sobre noviazgos, amor y sexo. También contaba con lo que había aprendido sobre cómo lidiar con circunstancias difíciles, y siempre me he dejado llevar por el deseo de generar impacto positivo en el mundo. En fin, estaba convencida de que pondría toda esa información a tu disposición e incluso lo haría divertido de leer.

Sin embargo, había algo de lo que no estaba muy segura: no sabía cómo iba a hacer para que todo eso junto encajara… ni siquiera sabía si *debía* encajar. ¿Qué era lo más importante aquí? ¿Estaba metiéndome en algo demasiado grande para mí? ¿Debería estar escribiendo un libro sobre la pubertad? ¿O sobre cómo lidiar con el estrés? ¿O tal vez solo debía sentarme y escribir sobre mi vida y sobre como pasé de ser una niña actriz a una mujer dedicada a la ciencia?

Estaba preocupada porque no iba a poder hacer que cada capítulo fuera parte de un todo maravilloso. Tal vez pretendía mucho. ¿Cómo iba a lograr relacionar los ovarios y los chicos, cuando a nadie le gusta verlos juntos? ¿Podría introducir de algún modo la pérdida de mi queridísimo gato con mi amor por la meditación y mi buena mano para fabricar colgantes? ¿Podrían los voluntariados y los carbohidratos formar parte de un mismo libro? ¿De qué se trataría *en verdad* este libro? Empecé a dudar.

A medida que escribía, la realidad de este libro se fue haciendo presente gradualmente. Con cada capítulo, se fue volviendo más evidente. No hay manera de hablar sobre ser una niña y convertirse en mujer que no incluya cada aspecto de nosotras. Porque no somos solo un libro en un estante que habla sobre temas que deben ser atravesados por media docena de otros libros sobre otros temas que también nos involucran. No somos solo lo que deberíamos comer, o las personas con las que salimos, o lo que llevamos puesto, o personas que aman o no la ciencia. Somos todo eso.

Somos nuestro ADN, y las hormonas que nos atraviesan. Somos las vitaminas y los minerales que comemos, y los miedos y las preocupaciones que tenemos sobre nuestros alimentos. Somos las inseguridades que tenemos y las cosas que hacemos para sentirnos bien. Somos los libros que leemos y también los que no queremos leer. También somos el amor que sentimos cuando abrazamos a un amigo, y las lágrimas que lloramos cuando nuestro amor por una persona no es correspondido. Somos dolor y tristeza, y todo lo que hacemos para darle sentido a un mundo tan complicado. Somos las acciones que realizamos para cambiar lo que nos parece injusto, y tantas posibilidades como estrellas hay en el cielo.

Somos cuerpos que funcionan, cerebros que aprenden, corazones que aman, almas que luchan y mujeres que importan y aportan. Somos listas, fuertes y auténticas. No tenemos que ser superhéroes para ser todas estas cosas que queremos ser. Solo debemos ser nosotras mismas.

Estamos creciendo en un mundo que no siempre va a comprendernos, pero cuanto mejor nos entendamos a nosotras mismas y cuanto más nos comprometamos con el mundo con todo lo que somos, todo lo que hacemos y todo lo que soñamos ser, más oportunidades tendremos de crear el impacto que estamos destinadas a hacer.

Gracias por crecer conmigo.

AGRADECIMIENTOS

Gracias a mi maravillosa editora, Jill Santopolo, por ir a buscarme y pedirme que abriera mi corazón para hablar sobre mi vida y sobre cómo pienso, para luego poder compartirlo con las más jóvenes. Jill, te agradezco la posibilidad de poder escribir un libro tan abarcador y ambicioso. Me diste mucha libertad para crear la estructura de un libro que terminó siendo mucho más abrumador de lo que había imaginado en un principio; y gracias por sumarte a la idea y también sacarme de apuros. ¡Y gracias por poner un freno a mi obsesión por los signos de exclamación! Estoy muy orgullosa de lo que hemos logrado juntas, y espero que podamos llegar a generar un impacto en la vida de muchas chicas.

Quisiera agradecer a mi representante de negocios, Anthony Mattero (Foundry Media), a mi cómplice, amiga y representante, Tiffany Kuzon (Primary Wave) y a Sarah Lerner (Katz Golden Rosenman LLP) por ayudarme a navegar los aspectos comerciales de esta publicación. Un especial choque de puños para mi mentor, amigo y abogado, Shep Rosenman, quien también ha sabido ser mi terapista espiritual. Gracias a Heather

Weisss Besignano de E2W Collective, por su asesoramiento en el ámbito publicitario y por su apoyo en todo momento. Por alentar siempre todo lo que hacíamos, y sobre todo la misión de darles mayor poder a las chicas, y hacerlo de un modo tan entusiasta.

Un agradecimiento muy especial a todos los asistentes de mi equipo, que han trabajado tanto en el detrás de escena: Brandon Bonilla, Patricia Kennedy, Isabel Shanahan y Rebecca Malzahn. Y a ti, Talia Benamy de la oficina de Jill, ¡este agradecimiento especial con signos de exclamación es para ti!

Gracias a Todd Malta, que estuvo a cargo de todos los correos electrónicos relacionados con este libro y con todos los demás aspectos de mi vida mientras lo escribía, así como también por los comentarios editoriales y las sugerencias siempre basadas en su experiencia como padre de Quinn y Owen.

Además de agradecer a nuestra meticulosa correctora, Ana Deboo, me gustaría darle las gracias al centro neurálgico de mujeres que revisaron los textos según sus áreas de especialidad. Sin eso, el libro no habría sido tan preciso y tan exacto como lo es. Ellas son la doctora en Neurociencia Lisa Aziz-Zadeh, la ginecóloga Jessica Brown, la nutricionista Rachel Goodman, la pediatra Lisa Nowell y la psicóloga escolar Samantha Winokur.

Todos en Penguin han sido excepcionales y les agradezco por la versión original de mi libro. Las ilustraciones de Siobhán Gallagher añaden muchísimo a este trabajo, y me emociona haber visto el cuidado con el que trató cada una de las imágenes para ilustrar a tantas niñas de diferentes formas, tamaños y colores. Gracias, Siobhán.

Gracias también a mis editores "junior", Miles Roosevelt Bialik Stone e Iris Persephone Amos. Su aporte es invaluable y agradezco que hayan sido los primeros niños en leer mi libro.

Y gracias al elenco y todo el equipo de *The Big Bang Theory*. Durante los últimos 7 años, Stage 25 ha sido mi hogar lejos de casa, y estoy agradecida de poder trabajar con gente que ama lo que hace y que, además, lo hace tan bien. Y un especial puñetazo en el estómago a la comediante, amiga, hija, hermana, esposa y escritora: Melissa Rauch. No podría haberme tocado alguien mejor para compartir mi camarín. Has estado presente cuando más lo he necesitado, y quiero darte las gracias por eso.

Hay mujeres de otra etapa de mi vida que también me gustaría destacar, son quienes me ayudaron a convertirme en la mujer que soy hoy. La señorita Ivy Cass, mi profesora de Inglés y de calistenia de la escuela primaria, que me enseñó a deletrear como los mejores y a correr como si fuera la niña más fuerte y atlética de la escuela. La señorita Julie Drake, mi profesora de teatro de la escuela primaria, que apostó a mi amor por la atención creativa y al mismo tiempo me inculcó la disciplina en el teatro. La doctora Firoozeh Rahbar, mi tutora de Biología, que inspiró mi amor por la ciencia en la escuela secundaria y me ayudó a catapultarme en una vida como doctora de la Neurociencia. Y finalmente, a la doctora Nancy Wayne, quien no me dejó presentar mi tesis doctoral hasta que no estuvo muchísimo mejor que el primer, el segundo, el tercer y el cuarto borrador que le había entregado.

Gracias a Rebbetzin Aviva Kohl y Allison "Judía en la Ciudad" Josephs, que me enseñaron el decoro, la austeridad y la gracia, y hoy los orígenes ancestrales de estos dones han mejorado mis conceptos de lo que valgo, así como también mi dignidad y la habilidad divina de amar y ser amado.

Gracias a mi madre, que asumió el desafío de criar una niña cabeza dura, de a ratos complicada y excepcionalmente inusual. Mami, a pesar de que jamás me hablaste de los temas que trato en este libro (algo que jamás dejaré de recordarte), soy lista fuerte y auténtica gracias a ti. Aunque sé que papá (z"l) también tuvo mucho que ver en eso.

Gracias a la mujer que crio dos hombres cariñosos y amables... Y uno de ellos es con quien tuve a mis hijos. Sherrie Stone, eres una fuente constante de inspiración femenina para mí. Gracias. A mi prima, Rebekah Goldstein. Aprendí mucho en nuestros años de crecer juntas (incluso cuando te llevo 6 años). ¡A veces me pregunto quién era la más grande y la más madura! Gracias por ser mi aliada en tantos altibajos en esta vida. Eres el mejor análisis FODA que jamás haya existido.

Gracias a las mujeres que he aprendido a dejar entrar en mi vida luego de muchos años de temerle a mi cercanía con otras mujeres, que me han ayudado a completar la tarea de seguir avanzando con este trabajo. Estas hermosas, inteligentes y valientes mujeres son Kari "Pitzy" Druyen, Nancy Stringer y mi amiga Elsa Rodarte. A Immanuel Shalev, gracias por tu amistad, por creer en mí y por tu trabajo full-time como mi ángel guardián. No podría haber sobrevivido estos últimos 5 años de mi vida sin tu ayuda. Soy una bendecida por tenerte.

Las mujeres que han impulsado el trayecto más difícil de este libro son las doctoras Nancy Vanderheide y Shawn Crane. Gracias por ayudarme a convertirme en la mujer que Dios esperaba que me convirtiera. Estaré agradecida toda mi vida.

Robert Mathes, gracias por estar conmigo siempre, pero especialmente mientras escribía este libro y por navegar el resto de la vida conmigo mientras mi proyecto se iba desarrollando. Me has ayudado a definir la intimidad emocional muy claramente, no solo para este libro, sino para todos nuestros otros viajes también. Gracias.

Gracias al padre de mis hijos, Michael Stone, por su flexibilidad mientras yo ando a las corridas e intento hacer lo que es mejor para nuestros niños. Michael, aprecio el tiempo que me das siempre para escribir, trabajar y esquivar todos los obstáculos que se presentan en el camino. Eres un padre dedicado y maravilloso, y nuestros hijos son unos afortunados por tenerte.

Finalmente, a mis niños, Miles y Frederick. Gracias por ser tan comprensivos conmigo mientras estuve trabajando sobre este libro; y gracias por no ser tan comprensivos de vez en cuando también, porque fue en esos momentos en que me recordaron que debo vivir en este mundo con ustedes, y no solo en mi trabajo. Espero que se encuentren con personas fuertes, listas y auténticas en sus vidas y que logren grandes cosas con todas ellas. Soy una bendecida de que hayan venido a este mundo para encontrarme. Los amo más que al sushi.

CONTENIDO

Mayim Bialik

Mayim Bialik también es conocida como Amy Farrah Fowler, en la exitosa comedia *The Big Bang Theory*, y por cuyo papel recibió cuatro nominaciones a los premios Emmy y dos Critics' Choice Award. También fue la estrella de la sitcom *Blossom*, en la década de los noventa.

Mayim nació en California, Estados Unidos. Se especializó en Neurociencia y en estudios Hebreos y Judíos, y más tarde obtuvo su Doctorado en Neurociencia en la UCLA. Es la autora de *Beyond the Sling*, una guía sobre la crianza de los niños, y *Mayim's Vegan Table*, un libro de cocina vegana para toda la familia.

En 2015, fundó GrokNation.com, una plataforma para compartir sus observaciones religiosas respecto de las mujeres, la política y sobre cómo mantenerse humilde en Hollywood. Se presenta a sí misma como una madre normal e imperfecta que intenta que las cosas funcionen bien en un mundo que suele estar fuera de su control. Vive en Los Ángeles con sus hijos, dos chicos fuertes, listos y auténticos.

Puedes saber más sobre Mayim Bialik en GrokNation.com, y en Twitter e Instagram: @MissMayim. Mira sus videos en youtube.com/mayimbialik.